개혁주의 신앙의 기초 스터디북

제 4 권 개혁주의 신앙의 기초 스터디북

김은수 지음

초판1쇄 2011년 12월 24일

발행처   SFC 출판부

총 판   하늘유통(031-947-7777)

인 쇄   (주)독일인쇄

137-040 서울특별시 서초구 반포4동 58-5 2층 SFC출판부

TEL (02)596-8493   FAX (02)596-5437

ISBN 978-89-93325-52-2   03230

값 10,000원

독자의 의견을 기다립니다.

www.sfcbooks.com

Copyright ⓒ 2011 김은수

□잘못 만들어진 책은 언제든지 교환해 드립니다.

이 책은 저작권법에 의해 보호받는 저작물이므로 무단전재와 무단복제를 금합니다.

개혁주의 신앙의 기초 스터디북

(The Study Book of *the Foundation of the Reformed Faith*)

김은수 지음

SFC

차례

제1과: 서론 _ 개혁주의 신앙의 정체성　8

제2과: 사람의 제일 되는 목적　13

제3과: 성경 _ 하나님의 말씀　19

제4과: 성경의 하나님 _ 삼위일체 하나님　24

제5과: 하나님은 어떠한 분이신가 _ 하나님의 본질과 속성　30

제6과: 하나님의 작정 _ 영원한 계획　36

제7과: 하나님의 창조 _ 무로부터의 창조　42

제8과: 하나님의 섭리 _ 보존과 통치　48

제9과: 행위언약과 원죄 _ 창조 안에 있는 인간　54

제10과: 인류의 타락과 그 결과 _ 죄 가운데 있는 인간　60

제11과: 은혜언약과 선택 _ 은혜 안에 있는 인간　66

제12과: 성자 하나님 _ 구속자 예수 그리스도　71

제13과: 예수 그리스도의 성육신　77

제14과: 예수 그리스도의 삼중직분　83

제15과: 예수 그리스도의 두 가지 상태 _ 낮아지심과 높아지심　88

제16과: 성령 하나님과 구원 _ 그리스도와의 연합　94

제17과: 유효적 부르심과 중생　100

제18과: 회심 _ 구원에 이르는 믿음과 회개　105

제19과: 칭의(의롭다 하심)와 양자 삼으심(자녀 삼으심)　111

제20과: 성화(거룩하게 하심)　116

제21과: 구원의 확신과 견인　121

제22과: 그리스도인의 죽음과 중간상태　126

제23과: 육체의 부활과 최후 심판　132

제24과: 교회란 무엇인가? _ 성경적 교회 이해　137

제25과: 교회의 본질　142

제26과: 교회의 사명　　147

제27과: 참된 교회의 속성과 표지　　152

제28과: 교회의 정치와 조직　　157

제29과: 은혜의 방편(I) _ 하나님의 말씀　　162

제30과: 은혜의 방편(II) _ 성례　　168

제31과: 은혜의 방편(III) _ 세례와 성찬　　174

제32과: 은혜의 방편(IV) _ 기도　　180

제33과: 주기도문(I) _ 서문　　185

제34과: 주기도문(II) _첫 번째 간구　　190

제35과: 주기도문(III) _두 번째 간구　　195

제36과: 주기도문(IV) _세 번째 간구　　201

제37과: 주기도문(V) _네 번째 간구　　206

제38과: 주기도문(VI) _ 다섯 번째 간구   211

제39과: 주기도문(VII) _ 여섯 번째 간구와 송영   217

제40과: 십계명(I) _ 서문   223

제41과: 십계명(II) _ 제1계명   229

제42과: 십계명(III) _ 제2계명   235

제43과: 십계명(IV) _ 제3계명   241

제44과: 십계명(V) _ 제4계명   247

제45과: 십계명(VI) _ 제5계명   252

제46과: 십계명(VII) _ 제6계명   258

제47과: 십계명(VIII) _ 제7계명   264

제48과: 십계명(IX) _ 제8계명   270

제49과: 십계명(X) _ 제9계명   276

제50과: 십계명(XI) _ 제10계명   283

제 1 과

서론 _ 개혁주의 신앙의 정체성

1. 왜 오늘날 교리(문답) 교육이 더욱 필요하고, 또 그 중요성은 무엇 때문인가요? 여러 가지 이유들을 생각해 봅시다.

   (1) _____

   _____

   (2) _____

   _____

   (3) _____

   _____

   (4) _____

   _____

2. 교리(Doctrine), 도그마(Dogma), 신조(Creed), 신앙고백(the Confession of Faith)이란 무엇인가요?

   (1) 교리(Doctrine): _____

   _____

(2) 도그마(Dogma):

(3) 신조(Creed)

(4) 신앙고백(the Confession of Faith)

3. '교리문답'(혹은 '요리문답'; Catechism)이란 무엇이며, 이것을 공부하는 궁극적인 목적은 무엇입니까?

   (1) '교리문답'(Catechism)이란?

   (2) 교리문답 교육의 목적은?

4. 우리의 신앙고백의 내용이 되는 교리가 가지는 여러 가지 특징들은 무엇입니까?

   (1) 교리(신앙고백)는 성경에 기초해야 하며, 성경의 가르침을 요약한 것이다

   (2)

   (3)

   (4)

5. 신조와 신앙고백서들이 우리의 신앙과 삶에 어떤 권위를 가지는가요?

   _____
   _____

6. 신조 혹은 신앙고백서가 우리가 신앙생활을 하는데 가지는 가치와 용도는 무엇입니까?

   _____
   _____

7. 신조 혹은 신앙고백서는 어떻게 만들어졌을까요?

   _____
   _____
   _____
   _____

8. 우리의 신앙고백의 기초가 되는 고대 공교회 신조(Ecumenical Creeds) 다섯 가지는 무엇인가요?

   (1) _____ (The Apostles' Creed, 2세기 중엽)
   (2) _____ (The Nicene Creed, 325년)
   (3) _____ (The Constantinople Creed, 381년)
   (4) _____ (The Athanasius Creed, 420-450년경)
   (5) _____ (The Chalcedon Creed, 451년)

9. 개혁주의 및 장로교 신앙고백서(Reformed & Presbyterian Confessions)에는 무엇이 있습니까? 중요한 것 다섯 가지만 말씀해 보세요.

   (1) _____ (The Scottish Confession of Faith, 1560)

   (2) _____ (The Belgic Confession of Faith, 1561)

   (3) _____ (The Heidelberg Catechism, 1563)

   (4) _____ (The Canons of Dort, 1618)

   (5) _____ (The Westminster Confession of Faith, 1647)

10. <웨스트민스터 표준문서>의 세 가지는 각각 무엇입니까?

    (1) _____

    (2) _____

    (3) _____

11. 다음의 성경 구절들을 찾아서 읽고, 따라서 써보면서 그 말씀의 의미를 묵상해 봅시다.

    (1) 롬 1:17: _____

    (2) 롬 10:17: _____

    (3) 약 2:26: _____

    (4) 딤후 3:14-17: _____

- *Soli Deo Gloria!* -

Memo

제 2 과
사람의 제일 되는 목적

제1문 : 사람의 제일 되는 목적은 무엇입니까?

답 : 사람의 제일되는 목적은 하나님을 (　　　)롭게 하고, 영원토록 그를 (　　　)하는 것입니다.

* 《참조성구》 고전 10:31; 롬 11:36; 시 73:24–26; 요 17:22

1. <소교리문답 제1문답>에서 "사람의 제일되는 목적"이 무엇이라고 가르치고 있습니까?

　　_____

　　_____

2. 당신은 가장 성공적인 인생이 어떤 삶이라고 생각하십니까?

　　_____

* 시 90:9–10: "우리의 모든 날이 주의 (　　　) 중에 지나가며 우리의 평생이 (　　　) 간에 다하였나이다 우리의 (　　　)가 칠십이요 강건하면 팔십이라도 그 연수의 자랑은 (　　　)와 슬픔뿐이요 신속히 가니 우리가 날아가나이다"

3. 당신이 지금 걸어가는 이 길의 끝에는 과연 무엇이 기다리고 있으리라고 기대하고 있습니까?

_____

_____

* 고전 9:24-25: "운동장에서 달음질하는 자들이 다 달릴지라도 오직 (　　)을 받는 사람은 한 사람인 줄을 너희가 알지 못하느냐 너희도 상을 받도록 이와 같이 (　　)하라 이기기를 다투는 자마다 모든 일에 (　　)하나니 그들은 썩을 승리자의 (　　)을 얻고자 하되 우리는 썩지 아니할 것을 얻고자 하노라"

4. 그렇다면 당신의 남은 인생의 구체적인 목적은 무엇입니까? 하나님께서 나에게 주신 소명은 무엇이라고 생각하십니까? 그리고 그것을 이루기 위해 올해 한 해의 구체적인 비전은 무엇입니까?

(1) 나의 인생의 구체적인 목표: _____

(2) 올해 한해의 구체적인 목표: _____

* 행 20:24: "나의 달려갈 길과 주 예수께 받은 (　　) 곧 하나님의 은혜의 복음을 (　　)하는 일을 마치려 함에는 나의 (　　)조차 조금도 귀한 것으로 여기지 아니하노라"

5. 오직 하나님께서 영광을 받으셔야 하는 궁극적인 이유가 무엇입니까?

(1) _____

(2) _____

(3) _____

* 렘 10:10: "오직 여호와는 (   ) 하나님이시요 (   ) 하나님이시요 영원한 (   )이시라"
* 계 4:11: "우리 주 하나님이여 (   )과 존귀와 (   )을 받으시는 것이 합당하오니 주께서 (   )을 지으신지라 만물이 주의 (   )대로 있었고 또 지으심을 받았나이다 하더라"
* 딤후 4:18: "주께서 나를 모든 (   )에서 건져내시고 또 그의 천국에 들어가도록 (   )하시리니 그에게 (   )이 세세무궁토록 있을지어다 아멘"

6. 하나님을 영화롭게 한다는 것의 성경적인 의미는 무엇입니까?

_____
_____

* 골 1:9-12: "너희로 하여금 모든 신령한 (   )와 총명에 하나님의 (   )을 아는 것으로 채우게 하시고 주께 합당하게 행하여 (   )에 기쁘시게 하고 모든 (   ) 일에 열매를 맺게 하시며 하나님을 (   ) 것에 자라게 하시고 그의 (   )의 힘을 따라 모든 능력으로 능하게 하시며 (   )으로 모든 견딤과 오래 참음에 이르게 하시고 우리로 하여금 (   ) 가운데서 성도의 (   )의 부분을 얻기에 합당하게 하신 아버지께 (   )하게 하시기를 원하노라"

7. 제1문답에 근거하여 볼 때, 성경이 가르치는 '죄의 본질'은 무엇일까요?

_____
_____

* 행 12:23: "헤롯이 (　　)을 하나님께로 돌리지 아니하므로 주의 사자가 곧 치니 (　　)에게 먹혀 죽으니라"

8. 하나님을 영화롭게 하는 구체적인 방법들은 무엇일까요? 이것을 우리의 실생활에서 어떻게 적용할 수 있을까요?

_____

_____

* 골 4:16-17: "그리스도의 (　　)이 너희 속에 풍성히 거하여 모든 지혜로 피차 가르치며 (　　)하고 시와 (　　)과 신령한 노래를 부르며 감사하는 마음으로 하나님을 찬양하고 또 무엇을 하든지 (　　)에나 (　　)에나 다 주 예수의 (　　)으로 하고 그를 힘입어 하나님 아버지께 (　　)하라"

9. 하나님을 즐거워한다는 것은 과연 무엇을 의미할까요?

_____

_____

* 합 16:17-18: "비록 무화과나무가 (　　)하지 못하며 포도나무에 (　　)가 없으며 감람나무에 (　　)이 없으며 밭에 먹을 것이 없으며 우리에 (　　)이 없으며 외양간에 소가 없을지라도 나는 여호와로 말미암아 (　　)하며 나의 구원의 하나님으로 말미암아 (　　)하리로다"

10. "개혁주의 신앙의 중심원리"는 간단히 말하여 무엇이라고 할 수 있을까요?

_____

_____

* 막 12:29-30: "예수께서 대답하시되 첫째는 이것이니 이스라엘아 들으라 주 곧 우리 하나님은 (   ) 주시라 네 (   )을 다하고 목숨을 다하고 (   )을 다하고 (   )을 다하여 주 너의 하나님을 (   )하라 하신 것이요"
* 시 146:1-2: "할렐루야 내 (   )아 여호와를 찬양하라 나의 (   )에 여호와를 찬양하며 나의 평생에 내 하나님을 (   )하리로다"

11. 다음의 성경 구절들을 찾아서 읽고 따라 써보면서 그 말씀의 의미를 묵상해 봅시다.
    (1) 행 20:24: _____
    (2) 합 3:17-18: _____
    _____
    _____
    (3) 전 12:13-14: _____
    _____
    _____

- Soli Deo Gloria! -

Memo

제 3 과

성경 _ 하나님의 말씀

제2문 : 우리가 어떻게 하나님을 영화롭게 하며 그를 즐거워할 것인가를 지시하시기 위해 주신 법칙이 무엇입니까?

답 : 신구약 (   )에 기록된 하나님의 (   )은 우리가 어떻게 하나님을 영화롭게 하며 그를 즐거워할 것인가를 우리에게 지시해 주는 유일한 (   )입니다.

* 《참조성구》 딤후 3:15–17

제3문 : 성경이 가장 중요하게 가르치는 것은 무엇입니까?

답 : 사람이 하나님에 대하여 어떻게 (   ) 하며, 하나님께서 사람에게 요구하시는 (   )가 무엇인가를 가르칩니다.

* 《참조성구》 요 20:31; 시 119:105; 미 6:8

1. 구원의 본질, 복음의 핵심이 무엇이라고 성경은 가르쳐 주고 있습니까?

   _____

   _____

   * 요 17:3: "영생은 곧 유일하신 (   )과 그가 보내신 자 (   )를 아는 것이니이다"

2. 우리는 어떻게 참 하나님과 구원의 진리를 알 수 있습니까?

_____

_____

   * 요 1:18: "본래 (　　)을 본 사람이 없으되 아버지 (　　)에 있는 (　　)하신 하나님이 나타내셨느니라"

3. 하나님의 계시(Revelation)는 어떻게 구분할 수 있습니까?

_____

_____

4. 일반계시(General revelation)의 가치와 한계가 무엇입니까?

  (1) 일반계시의 가치: _____

  (2) 일반계시의 한계: _____

   * 시 19:1: "하늘이 하나님의 영광을 (　　)하고 (　　)이 그의 손으로 하신 일을 나타내는도다"

   * 고전 1:21: "하나님의 지혜에 있어서는 이 세상이 (　　) 지혜로 하나님을 알지 못하므로 하나님께서 (　　)의 미련한 것으로 믿는 자들을 (　　)하시기를 기뻐하셨도다"

5. 특별계시(Special revelation)란 무엇이며, 그 방편들은 무엇입니까?

_____

_____

  (1) _____

(2) _____

(3) _____

7. 성경은 무엇입니까? 그리고 성경은 언제 어떻게 기록되어 우리에게 전하여 졌습니까?

_____
_____

8. 구약성경(the Old Testament)과 신약성경(the New Testament)은 각각 어떻게 분류할 수 있습니까?

(1) 구약성경: _____
_____

(2) 신약성경: _____
_____

9. 성경이 영감(Inspiration)되었다는 말의 의미와 영감의 범위가 어떻게 됩니까?

_____
_____

(1) _____
(2) _____

(3) _____

10. 하나님의 말씀인 성경이 가지는 여러 가지 특성들을 간단하게 설명
    하여 보십시오.
    (1) 성경의 필요성: _____
    (2) 성경의 무오성: _____
    (3) 성경의 명료성: _____
    (4) 성경의 충족성: _____

11. 다음의 성경 구절들을 찾아서 읽고 따라 써보면서 그 말씀의 의미를
    묵상해 봅시다.
    (1) 롬 1:18-23: _____
    _____
    _____
    _____

    (2) 히 1:1-3: _____
    _____
    _____

    (3) 딤후 3:14-17: _____
    _____
    _____

    (4) 벧후 1:20-21: _____
    _____

                                        - *Soli Deo Gloria!* -

Memo

제 4 과
성경의 하나님 _ 삼위일체 하나님

제5문 : 하나님은 한 분 외에 더 많은 신들이 있습니까?

답 : 하나님은 오직 (　　)이시며 살아계신 (　　　)이십니다.

* 《《참조성구》》 고전 8:4; 신 4:35, 39, 6:4; 렘 10:10

제6문 : 하나님의 신격에는 몇 위가 계십니까?

답 : 하나님에게는 (　　), (　　), (　　)의 삼위가 있는데 이 셋이 (　　) 하나님이며 (　　)이 같고, 능력과 영광이 (　　)합니다.

* 《《참조성구》》 마 3:16-17; 28:19; 빌 2:6

1. 사람들은 주로 어떤 때에 하나님의 존재하심에 대하여 의문을 가지게 되나요? 그리고 본인의 경우는 어떠한가요?

　(1) _____

　(2) _____

　(3) _____

* 시 73:12-14: "볼지어다 이들은 악인들이라도 항상 (　　)하고 재물은 더욱 불어나 도다 내가 내 마음을 (　　)하게 하며 내 손을 씻어 (　　)하다 한 것이 실로 헛되도다 나는 종일 (　　)을 당하며 아침마다 징벌을 받았도다"

2. 신의 존재 문제와 관련하여 여러 가지 입장들이 있는데, 다음의 경우를 간단하게 설명하여 보세요.

   (1) 이론적 무신론(Theoretical Atheism): _____

   (2) 실천적 무신론(Practical Atheism): _____

   (3) 불가지론(Agnosticism): _____

   (4) 이신론(Deism): _____

   (5) 유일신론(Monotheism): _____

   * 시 14:1: "어리석은 자는 그의 마음에 이르기를 하나님이 (   ) 하는도다 그들은 (   )하고 그 행실이 가증하니 (   )을 행하는 자가 없도다"
   * 딛 1:16: "그들이 하나님을 시인하나 (   )로는 부인하니 가증한 자요 (   )하지 아니하는 자요 모든 (   ) 일을 버리는 자니라"

3. 하나님의 존재하심을 논증하려는 여러 가지 시도들이 있는데, 다음의 경우를 간단하게 말해보세요.

   (1) 존재론적 논증(Ontological Argument): _____

   (2) 우주론적 논증(Cosmological Argument): _____

   (3) 목적론적 논증(Teleological Argument): _____

(4) 도덕적 논증(Moral Argument): _____
_____

(5) 종교사학적 논증(Historical-Religious Argument): _____
_____

4. 하나님의 존재에 대한 성경의 가르침은 무엇입니까?
_____
_____

* 히 11:6: "( )이 없이는 하나님을 ( ) 하지 못하나니 하나님께 나아가는 자는 반드시 그가 ( ) 것과 또한 그가 자기를 찾는 자들에게 ( )주시는 이심을 믿어야 할지니라"

5. 하나님의 말씀인 성경에 계시된 하나님, 즉 기독교의 독특한 신(神) 이해는 무엇입니까?
_____
_____

* 사 45:5: "나는 ( )라 나 외에 다른 이가 없나니 나 밖에 ( )이 없느니라"
* 마 28:19-20: "그러므로 너희는 가서 모든 족속으로 제자를 삼아 ( )와 ( )과 ( )의 이름으로 ( )를 주고 내가 너희에게 분부한 모든 것을 ( ) 지키게 하라"

6. 역사적으로 삼위일체 하나님을 이해함에 있어 많은 오류와 이단들이 있었습니다. 대표적인 경우로 다음과 같은 것들이 있는데 간단하게 설명하여 보세요.

(1) 양태론(Modalism): _____

   (2) 동력적 단일신론(Dynamic Monarchianism): _____

   (3) 종속설(Subordinationism): _____

   (4) 삼신론(Tri-theism): _____

7. 삼위일체론에 대한 성경과 신조들의 가르침을 종합하여 간단하게 3가지 명제로 요약해 보세요.
   (2) 삼위일체 하나님의 유일성(the Trinitarian Monotheism): ____

   (2) 삼위 하나님의 각 위격간의 구별되심(the Trinity): _____

   (3) 삼위 하나님의 각 위격간의 신적본질의 동일성(the Unity): ____

8. 다음의 성경 구절들을 찾아서 읽고 따라 써보면서 그 말씀의 의미를 묵상해 봅시다.
   (1) 롬 1:19-20: _____

   (2) 시 90:2: _____
   (3) 히 11:6: _____

(4) <웨스트민스터 신앙고백서> 제3장 2항: _____

_____
_____
_____
_____

- Soli Deo Gloria! -

Memo

제 5 과

하나님은 어떠한 분이신가 _ 하나님의 본질과 속성

제4문 : 하나님은 어떤 분이십니까?
답 : 하나님은 그의 (   ), 지혜, 능력, (   ), 공의, 선하심, 그리고
(   )에 있어서 무한하시고 영원 (   )하시는 (   )이십니다.
* 《참조성구》 요 4:24; 시 139:7-13; 렘 23:4; 히 4:13; 시 139:1-4; 히 13:8; 시 102:27; 말 3:6; 왕상 8:27; 딤후 2:13; 출 34:6-7

1. 성경에서 삼위일체 하나님께서는 스스로의 본질적인 특성에 대하여 어떠한 분으로 계시하고 있습니까? 그리고 그러한 본질적 정체성의 중요한 의미는 무엇인가요?
   (1) 하나님은 참 생명이시다: _____
   _____

   * 렘 10:10: "오직 여호와는 참 하나님이시요 (   ) 하나님이시요 (   ) 왕이시라"
   * 요1 5:20: "또 아는 것은 하나님의 아들이 이르러 우리에게 지각을 주사 우리로 (   )를 알게 하신 것과 또한 우리가 참된 자 곧 그의 아들 (   ) 안에 있는 것이니 그는 참 하나님이시요 (   )이시라"

(2) _____ : _____

_____

* 요 4:24: "하나님은 (   )이시니 예배하는 자가 영과 (   )로 예배할지니라"
* 고후 3:17: "주는 (   )이시니 주의 영이 계신 곳에는 (   )가 있느니라"

(3) _____ : _____

_____

* 요일 4:8: "사랑하지 아니하는 자는 (   )을 알지 못하나니 이는 하나님은
  (   )이심이라"

2. 구약성경에 계시된 하나님의 성호 가운데 중요한 3가지는 무엇이며, 각각의 의미는 무엇인가요?

   (1) _____ (El/Elohim): _____
   _____

   (2) _____ (Yahweh/Jehovah): _____
   _____

   (3) _____ (Adonai): _____
   _____

3. 다음의 여러 가지 하나님의 복합적 성호의 뜻을 말씀하여 보세요.

   (1) '엘' 의 복합 명칭

   ① 엘 엘욘 : _____ (창 14:18; 민 24:16; 사 14:13,14)

   ② 엘 로이 : _____ (창 16:13)

   ③ 엘 샤다이 : _____ (창 17:1-20)

④ 엘 올람 : _____ (창 21:33; 사 40:28)

(2) '여호와'의 복합 명칭

① 여호와 이레 : _____ (창 22:8-14)

② 여호와 닛시 : _____ (출 17:15)

③ 여호와 샬롬 : _____ (삿 6:24)

④ 여호와 체바오트 : _____
_____ (삼상 1:3; 17:45; 시 24:10; 46:7, 1)

⑤ 여호와 삼마 : _____ (겔 48:35)

⑥ 여호와 라파 : _____ (출 15:26)

⑦ 여호와 로이 : _____ (시 23:1)

⑧ 여호와 엘로힘 : _____ (삿 5:3; 사 17:6)

⑨ 여호와 메카디쉬켐 : _____ (출 31:13)

4. 신약성경에 계시된 하나님의 성호 가운데 중요한 3가지는 무엇이며, 각각의 의미는 무엇인가요?

(1) _____ (Theos): _____
_____

(2) _____ (Kurios): _____
_____

(3) _____ (Pater): _____
_____

5. 성경에 계시된 하나님의 여러 가지 속성들 가운데 다음의 각각을 간단하게 설명하여 보세요.

(1) 자존성(Self-existence): _____

(2) 인격성(Personality): _____

(3) 완전성(Perfectness): _____

(4) 영원성(Eternity): _____

(5) 편재성(Omnipresence): _____

(6) 전지성(Omniscience): _____

(7) 전능성(Omnipotence): _____

(8) 단순성(Simplicity): _____

(9) 신실성(Faithfulness): _____

(10) 선하심(Goodness): _____

6. 다음의 성경 구절들을 찾아서 읽고 따라 써보면서 그 말씀의 의미를 묵상해 봅시다.

   (1) 렘 10:10: _____

(2) 출 3:14: _____

_____

(3) 요일 4:16: _____

_____

- Soli Deo Gloria! -

Memo

제 6 과

하나님의 작정 _ 영원한 계획

제7문 : 하나님의 작정이란 무엇입니까?

답 : 하나님의 (   )이란 그의 (   )하시는 바에 따라 정하신 그의 (   )인데, 이로 말미암아 그의 (   )을 위하여 장차 일어날 모든 일을 미리 (   )해 놓으신 것입니다.

  * 《참조성구》 엡 1:4-5; 2:10; 행 2:23; 4:27-28; 시 33:11; 롬 9:22-23; 11:36

제8문 : 하나님이 그 작정을 어떻게 실행하십니까?

답 : 하나님께서 그 작정을 실행하시는 것은 (   )와 (   )의 일로 하십니다.

  * 《참조성구》 계 4:11; 엡 1:11; 단 4:35; 사 40:26; 롬 11:36; 히 11:3

1. 성경에서 계시된 삼위일체 하나님께서는 영원부터 영원까지 존재하실 뿐만 아니라, 또한 항상 일하시는 하나님으로 나타나고 있습니다. 그러한 하나님께서 하시는 일은 어떻게 구분할 수 있습니까?

    (1) 삼위일체 하나님의 내적(내재적) 사역

     ① _____ : _____

     ② _____ : _____

    (2) 삼위일체 하나님의 외적(경륜적) 사역

① _____ : _____
② _____ : _____
③ _____ : _____
④ _____ : _____

* 요 5:17: "예수께서 그들에게 이르시되 내 (   )께서 이제까지 (   )하시니 나도 일한다"

2. '하나님의 작정'(the Decree of God)의 의미를 간단하게 요약해 보세요.

_____

_____

* 고전 2:7 – "하나님이 우리의 (   )을 위하여 (   )에 미리 정하신 것이라"
* 엡 1:11: "모든 일을 그의 (   )의 결정대로 일하시는 이의 (   )을 따라 우리가 (   )을 입어 그 안에서 기업이 되었으니"

3. <웨스트민스터 소교리문답> 제7문답을 써보면서 그 의미를 다시 한 번 새겨봅시다.

제7문 : 하나님의 작정이란 무엇입니까?

답 : _____

_____

* 사 46:10: "내가 시초부터 (   )을 알리며 아직 이루지 아니한 일을 옛적부터 보이고 이르기를 나의 (   )이 설 것이니 내가 나의 모든 (   )하는 것을 이루리라 하였노라"

6과 하나님의 작정 _ 영원한 계획 **37**

4. 하나님의 영원한 작정이 가지는 특징들에 대하여 간단히 말씀하여 보십시오.

(1) 하나님의 작정은 무한한 신적 지혜에 기초한다: _____

* 롬 11:33: "깊도다 하나님의 (   )와 지식의 (   )이여, 그의 판단은 헤아리지 못할 것이며 그의 (   )은 찾지 못할 것이로다"

(2) _____ : _____

* 시 33:11: "여호와의 (   )은 영원히 서고 그의 (   )은 대대에 이르리로다"
* 삼상 15:29: "이스라엘의 지존자는 거짓이나 (   )이 없으시니 그는 사람이 아니시므로 결코 (   )하지 않으심이니이다"

(3) _____ : _____

* 사 46:11: "내가 (   )하였은즉 반드시 이룰 것이요 (   )하였은즉 반드시 시행하리라"
* 사 55:11: "내 입에 나가는 (   )도 이와 같이 헛되이 내게로 되돌아오지 아니하고 나의 기뻐하는 (   )을 이루며 내가 보낸 일에 (   )함이니라"

(4) _____ : _____

* 잠 16:4: "여호와께서 (   ) 것을 그 쓰임에 적당하게 지으셨나니 (   )도 악한 날에 적당하게 하셨느니라"
* 전 3:11: "하나님이 모든 것을 지으시되 (   )를 따라 아름답게 하셨고 또 사람들에게는 (   )을 사모하는 마음을 주셨느니라 그러나 하나님이 하시는 일의 (   )을 사람으로 측량할 수 없게 하셨도다"

(5) _____ : _____

* 전 7:29: "내가 깨달은 것은 오직 이것이라 곧 하나님은 사람을 (   )하게 지으셨으나 사람이 많은 (   )들을 낸 것이니라"

5. 하나님의 영원한 작정에 나타난 궁극적인 목적은 무엇인가요?

_____
_____

* 엡 1:4-6: "곧 창세 전에 (   ) 안에서 우리를 택하사 우리로 (   ) 안에서 그 앞에 거룩하고 (   )이 없게 하시려고 그 기쁘신 (   )대로 우리를 예정하사 … 이는 그가 사랑하시는 자 안에서 우리에게 거저 주시는 바 그의 은혜의 (   )을 찬송하게 하려는 것이라"

6. 다음의 성경 구절들을 찾아서 읽고 따라 써보면서 그 말씀의 의미를 묵상해 봅시다.

(1) 시 121:3-4: _____
_____

(2) 시 33:11: _____
_____

(3) 잠 16:33: _____
_____

(4) 롬 11:33: _____
_____

(5) 삼상 15:29: _____

_____

(6) 고전 2:7: _____

_____

(7) 잠 19:21: _____

_____

(8) 전 3:13-14: _____

_____

_____

- Soli Deo Gloria! -

Memo

제 7 과

하나님의 창조 _ 무로부터의 창조

제9문 : 창조의 사역은 무엇입니까?

답 : 창조의 사역은 하나님께서 그의 (　　　)을 통하여, (　　) 동안 (　　)로부터 만물을 (　　)하신 것인데, 모든 것이 매우 좋았습니다.

* 《참조성구》 히 11:3; 계 4:11; 창 1:1,31; 시 33:9

제10문 : 하나님께서 사람을 어떻게 창조하셨습니까?

답 : 하나님은 사람을 남자와 여자로 창조하시되 (　　　)대로 (　　　) 과 의와 (　　)이 있게 하사 모든 (　　)을 다스리게 하셨습니다.

* 《참조성구》 창 1:27; 골 3:10; 엡 4:24; 창 1:28

1. 하나님께서 그의 영원한 작정을 실행하시어 집행하시는 첫 번째 경륜적 사역은 무엇입니까?

   _____

   * 창 1:1: "태초에 (　　　)이 천지를 (　　)하시니라"

2. <사도신경>의 신앙고백의 제1항목이 무엇입니까?

3. 천지창조 사역의 주체는 누구이시며, 각각 어떻게 공역하셨습니까?

_____
_____
_____

* 시 33:6, 9: "(   )으로 하늘이 지음이 되었으며 그 만상을 그의 (   )으로 이루었도다 … 그가 (   )하시매 이루어졌으며 (   )하시매 견고히 섰도다"
* 고전 8:6: "또한 한 주 예수 그리스도께서 계시니 (   )이 그로 말미암고 우리도 ( )말미암아 있느니라"
* 욥 33:4: "(   )이 나를 지으셨고 전능자의 (   )이 나를 살리시느니라"

4. 성경이 가르치는 창조론은 무엇입니까?

_____

(*Creatio ex Nihilo*; Creation from Nothing)

* 히 11:3: "믿음으로 (   ) 보이는 것은 (   )으로 말미암아 된 것이 아니니라"
* 롬 4:17: "기록된 바 내가 너를 많은 민족의 조상으로 세웠다 하심과 같으니 그가 믿은 바 하나님은 (   )를 살리시며 (   )것을 (   )것으로 부르시는 이시니라"

5. 우주의 기원에 대한 잘못된 여러 가지 이론들에 대하여 간단히 설명하여 보십시오.

(1) 형성론 (Formation Theory): _____

_____

(2) 유출론 (Emanation Theory): _____

_____

(3) 유물론 (Materialism): _____

_____

* 계 4:11: "우리 주 하나님이여 (　　　)과 존귀와 권능을 받으시는 것이 합당하오니 (　　　) 하더라"

6. 성경이 가르쳐 주고 있는 창조의 과정은 어떠합니까?

　(1) 창조의 순서

　　① 제1일 : _____　　② 제2일 : _____
　　③ 제3일 : _____　　④ 제4일 : _____
　　⑤ 제5일 : _____　　⑥ 제6일 : _____
　　⑦ 제7일 : _____

　(2) 창조의 구분

형성하는 날	채우는 날
제1일 : _____	제4일 : _____
제2일 : _____	제5일 : _____
제3일 : _____	제6일 : _____

7. 하나님의 창조의 결과는 어떠하였습니까?

_____

_____

　　* 창 1:31: "하나님이 지으신 그 모든 것을 보시니 (　　　　　　　)"

8. 하나님께서 이 우주 만물을 창조하신 궁극적인 목적은 무엇입니까?

_____

_____

　　* 시 19:1: "하늘이 (　　　　　　　　)을 나타내는도다"

9. 성경이 가르치는 인간의 존엄성의 궁극적인 근거는 무엇입니까?

_____

_____

　　* 창 1:26: "하나님이 이르시되 우리의 (　　　)을 따라 우리의 (　　　)대로 우리가
　　　　　　　(　　　)을 만들고 그들로 바다의 물고기와 하늘의 새와 가축과 온 땅과
　　　　　　　땅에 기는 모든 것을 (　　　) 하자"

10. '하나님의 형상'(*Imago Dei*)은 무엇을 의미하는 것입니까?

　　(1) 구조적 / 실체론적 해석: _____

_____

　　(2) _____ : _____

_____

(3) _____ : _____

_____

11. 성경이 가르치는 창조론에서 우리가 배워야 하는 중요한 사실들은 무엇입니까?

(1) _____

_____

(2) _____

_____

(3) _____

_____

12. 다음의 성경 구절들을 찾아서 읽고 따라 써보면서 그 말씀의 의미를 묵상해 봅시다.

(1) 창 1:1: _____

_____

(2) 창 1:26: _____

_____

- Soli Deo Gloria! -

Memo

제 8 과

하나님의 섭리 _ 보존과 통치

제11문 : 하나님의 섭리 사역은 무엇입니까?
답 : 하나님의 섭리 사역은 그의 지극하신 거룩함과 (   )로 그의 모든 (   )들과 그 모든 활동들을 능력있게 (   )하시며 (   ) 것입니다.

* 《참조성구》 마 10:29-30; 시 145:9, 17; 시 104:24; 사 28:29; 히 1:3; 시 103:19; 느 9:6; 계 11:17-18.

1. 하나님께서 이 우주 만물을 창조하신 후에 어떻게 하시고 계십니까? 하나님의 섭리사역은 무엇을 말하는 것입니까?

   _____
   _____
   _____

   * 행 17:24-25: "우주와 그 가운데 있는 (   )을 지으신 하나님께서는 천지의 (   )시니 손으로 지은 전에 계시지 아니하시고, 또 무엇이 부족한 것처럼 (   )의 손으로 (   )을 받으시는 것이 아니니, 이는 만민에게 (   )과 호흡과 만물을 친히 주시는 이심이라"

2. 하나님의 섭리사역의 특징은 무엇입니까?

　(1) _____

　_____

　(2) _____

　_____

　* 느 9:6: "오직 주는 (　　　)시라 하늘과 (　　　)들의 하늘과 일월 성신과 땅과 땅 위의 (　　　)과 바다와 그 가운데 (　　　) 것을 지으시고 다 (　　　)하시오니 모든 천군이 주께 경배하나이다"

3. 다음과 같이 하나님의 섭리사역을 분류할 수 있습니다. 그 의미를 간단하게 설명하여 보십시오.

　(1) 일반섭리: _____

　_____

　(2) 특별섭리: _____

　_____

　(3) 통상섭리: _____

　_____

　(4) 비상섭리: _____

　_____

　* 시 127:1: "여호와께서 (　　　　) 세우는 자의 수고가 헛되며 (　　　　) 키지 아니하시면 (　　　　)의 깨어 있음이 헛되도다"
　* 롬 9:21: "(　　　)가 진흙 한 덩이로 하나는 (　　　)을, 하나는 (　　　)을 만들 권한이 없느냐"

4. 다음의 섭리 사역의 3가지 요소들에 대하여 간단하게 말씀하여 보세요.

   (1) 보존(Preservation): _____

   * 욥 12:7-10: "이제 모든 (   )에게 물어 보라 그것들이 네게 가르치리라 공중의 (   )에게 물어 보라 그것들이 또한 네게 말하리라 (   )에게 말하라 네게 가르치리라 바다의 (   )도 네게 설명하리라 이것들 중에 어느 것이 (   )이 이를 행하신 줄을 알지 못하랴 모든 생물의 (   )과 모든 사람의 육신의 (   )이 다 그의 (   )에 있느니라"

   (2) 통치(Government): _____

   * 딤전 6:15: "하나님은 (   )되시고 유일하신 (   )이시며 만왕의 왕이시며 만주의 (   )시오"
   * 시 103:19: "여호와께서 그의 (   )를 하늘에 세우시고 그의 (   )으로 만유를 다스리시도다"

   (3) 협력(Concurrence): _____

   * 창 45:4-5: "요셉이 형들에게 이르되 내게로 가까이 오소서 그들이 가까이 가니 이르되 나는 당신들의 아우 요셉이니 당신들이 애굽에 판 자라 (   )들이 나를 이 곳에 팔았다고 해서 근심하지 마소서 한탄하지 마소서 (   )이 생명을 (   )하시려고 나를 당신들보다 (   ) 보내셨나이다"
   * 롬 8:28: "우리가 알거니와 하나님을 사랑하는 자 곧 그의 (   ) 부르심을 입은 자들에게는 모든 것이 (   )하여 (   )을 이루느니라"

5. '이신론'(Deism)자들이 특별히 거부하는 신앙의 내용이 무엇입니까?

6. 성경이 가르치는 섭리론에서 우리가 배워야 하는 중요한 사실들은 무엇입니까?

   (1) _____

   (2) _____

   (3) _____

   (4) _____

7. 다음의 성경 구절들을 찾아서 읽고 따라 써보면서 그 말씀의 의미를 묵상해 봅시다.

   (1) 시 127:1: _____

   (2) 시 103:19: _____

   (3) 느 9:6: _____

   (4) 롬 8:28: _____

(5) 시 121:1-3: _____

_____

_____

- Soli Deo Gloria! -

Memo

제 9 과

행위언약과 원죄 _ 창조 안에 있는 인간

제12문 : 사람이 지으심을 받은 본 지위에 있을 때 하나님께서는 사람을 향하여 어떤 특별한 섭리를 행사하셨습니까?

답 : 하나님께서는 사람을 창조하신 후에 완전히 (   )할 것을 조건으로 (   )의 언약을 맺고 선악을 알게 하는 나무의 실과를 먹는 것은 (   )의 벌로서 금하였습니다.

* 《참조성구》 호 6:7; 롬 10:5; 눅 12:25-28; 창 2:16-17.

제13문 : 우리의 시조가 창조 때 타고난 신분을 계속 유지했습니까?

답 : 우리들의 처음 시조는 자기들 자신의 의지의 (   )를 가졌으며 하나님께 (   )를 범함으로써 그들의 창조 때 타고난 신분에서 (   ) 했습니다.

* 《참조성구》 창 3:6-8; 고후 11:3; 롬 5:12; 전 7:29.

제14문 : 죄란 무엇입니까?

답 : 죄란 하나님의 (   )을 순종함에 (   )하거나 그것을 (   )하는 것입니다.

* 《참조성구》 요일 3:4; 약 4:17; 롬 3:23; 4:15; 약 2:10.

제15문 : 우리의 처음 시조가 창조함을 받았을 때의 타고난 신분에서 타락한 원인이 되는 죄가 무엇입니까?

답 : 우리의 처음 (   )가 그들의 창조함을 받았을 때의 타고난 신분에서
(   )한 원인이 되는 죄는 그들이 그 금지된 (   )를 먹은 일입니다.

* 《참조성구》 전 7:29; 요일 3:4; 창 3:6, 12-13.

1. 하나님께서 첫 사람 아담과 맺은 언약은 무엇이며, 그 내용은 간단히 말하여 어떠한 것입니까?

   _____

   _____

   * 창 2:16-17: "여호와 하나님이 그 (   )에게 명하여 이르시되 동산 각종 나무의 열매는 네가 임의로 먹되 (   )을 알게 하는 나무의 열매는 먹지 말라 네가 먹는 날에는 반드시 (   ) 하시니라"

2. 하나님과 첫 사람 아담이 맺은 행위언약에 대한 또 다른 명칭들은 무엇입니까?

   (_____), (_____), (_____)

3. 행위언약(혹은 생명언약)이 가지는 특징은 무엇입니까?

   (1) _____

   (2) _____

   (3) _____

   (4) _____

9과 행위언약과 원죄 _ 창조 안에 있는 인간

(5) _____

4. 행위언약에 나타나는 다음의 여러 가지 사항들을 간단히 말해 보십시오.

   (1) 언약의 당사자:

   ① 제 1 당사자 – (   ); ② 제 2 당사자 – (   )

   (2) 약속의 내용: _____

   (3) 언약의 조건: _____

   (4) 언약의 형벌: _____

5. 행위 언약의 유효성에 대하여 말씀하여 보십시오

   (1) 불신자의 경우: _____

   * 롬 10:5: "모세가 기록하되 (   )으로 말미암는 의를 행하는 사람은 그 (   )로 살리라"
   * 갈 3:10, 12: "무릇 율법 행위에 속한 자들은 저주 아래에 있나니 기록된 바 누구든지 율법 책에 기록된 대로 모든 일을 항상 행하지 아니하는 자는 (   )라 하였음이라 … 율법은 믿음에서 난 것이 아니니 (   ) 하였느니라"

   (2) 은혜언약 속에서 중생한 사람의 경우: _____

   * 갈 3:11: "또 하나님 앞에서 아무도 (   )으로 말미암아 의롭게 되지 못할 것이 분명하니 이는 의인은 (   ) 하였음이라"
   * 롬 8:1-2: "그러므로 이제 그리스도 예수 안에 있는 자에게는 결코 (   )함이 없나니 이는 그리스도 예수 안에 있는 (   )의 성령의 법이 죄와 (   )의 법에서 너를 해방하였음이라"

6. 인간이 창조함을 받은 처음 상태는 어떠하였습니까?

   (1) _____

   (2) _____

   (3) _____

   (4) _____

   (5) _____

7. 인간의 타락의 동기와 원죄의 본질이 무엇입니까?

   (1) 타락의 동기: _____

   (2) 원죄의 본질: _____

   * 창 3:4-6: "뱀이 여자에게 이르되 너희가 결코 (   ) 아니하리라 너희가 그것을 먹는 날에는 너희 눈이 밝아져 (   )과 같이 되어 (   )을 알 줄 하나님이 아심이니라 (   )가 그 나무를 본즉 먹음직도 하고 보암직도 하고 (   )롭게 할 만큼 탐스럽기도 한 나무인지라 여자가 그 (   )를 따먹고 자기와 함께 있는 (   )에게도 주매 그도 먹은지라"

8. 인간의 타락의 결과가 어떠했습니까?

   (1) _____

(2) _____

(3) _____

(4) _____

(5) _____

(6) _____

9. 다음의 성경 구절들을 찾아서 읽고 따라 써보면서 그 말씀의 의미를 묵상해 봅시다.

   (1) 갈 3:11-12: _____

   (2) 창 3:19: _____

   (3) 롬 6:23: _____

   (4) 롬 7:24: _____

                              - Soli Deo Gloria! -

Memo

제 10 과

인류의 타락과 그 결과 _ 죄 가운데 있는 인간

제16문 : 아담의 처음 범죄로 모든 인류가 함께 타락했습니까?

답 : 아담과 맺어진 (   )은 그 자신만을 위한 것이 아니라 그의 (   )까지 위한 것이기 때문에, 그에게로부터 정상적인 생육법에 의하여 출생하는 모든 (   )는 그가 처음 범죄할 때 그의 (   )에서 죄를 지었고 그와 함께 (   )하였습니다.

* 《참조성구》 행 17:26; 롬 5:12-14; 창 2:17; 고전 15:21-22.

제17문 : 그 타락은 인류를 어떠한 상태에 빠지게 했습니까?

답 : 그 타락은 인류를 (   )와 (   )의 상태에 빠지게 했습니다.

* 《참조성구》 롬 5:12-21; 갈 3:10; 롬 3:16, 23.

제18문 : 사람이 타락한 상태의 죄성은 무엇으로 구성됩니까?

답 : 사람이 타락한 상태의 (   )은 아담의 첫 범죄의 (   ), 원래 가졌던 (   )의 결핍, 그의 본 성품 전체의 (   ), 곧 일반적으로 (   )라고 부르는 것과 또 그것으로부터 나오는 모든 (   ) 범죄도 포함하여 구성된 것입니다.

* 《참조성구》 롬 5:12; 롬 3:10; 시 51:5; 엡 2:1-3; 롬 8:7-8; 창 6:5; 약 1:14-15; 마 15:19.

제19문 : 사람이 타락한 상태의 비참은 무엇입니까?

답 : 모든 인류는 그들의 (   )으로 말미암아 하나님과의 (   )를 잃었으며, 그의 진노와 (   ) 아래 있으며, 따라서 이생을 온갖 (   ) 속에서 지내며, (   ) 되며, 그리고 지옥의 영원한 (   )을 당해야만 하는 것입니다.

* 《참조성구》 창 3:8, 24; 엡 2:3; 갈 3:10; 마 13:39; 롬 5:14; 6:23; 마 25:41.

제82문 : 사람이 하나님의 계명을 완전히 지킬 수 있습니까?
답 : 인간이 (   )한 이래로 이 세상에서 하나님의 (   )을 완전히 지킬 수 있는 사람은 하나도 없습니다. 오히려 (   )과 말과 (   )에 있어서 날마다 계명들을 어깁니다.

* 《참조성구》 왕상 8:46; 요일 1:8-2:6; 롬 8:8; 롬 3:9-10; 전 7:20; 창 8:21; 약 3:1, 8; 약 3:2.

제83문 : 법을 어기는 일이 모두 하나같이 흉악합니까?
답 : 어떤 죄는 (   )적으로 악하고, 또는 여러 가지 더 무서운 (   )로 발전하기 때문에 하나님 보시기에 다른 것들보다 더 (   )한 것입니다.

* 《참조성구》 시 19:13; 요 19:11; 눅 12:10; 히 10:29.

제84문 : 모든 죄가 마땅히 받을 보응이 무엇입니까?
답 : 모든 죄가 마땅히 받을 (   )은 이 (   )에서와 또 오는 세상에서 하나님의 (   )와 (   )를 받는 일입니다.

* 《참조성구》 갈 3:10; 마 25:41.

1. 우리의 구체적인 삶의 현실에서 드러나는 죄와 악의 실재성, 보편성, 비참함에 대하여 구체적인 예를 들어 생각하여 봅시다.

   _____
   _____

* 롬 5:12: "그러므로 한 사람으로 말미암아 (   )가 세상에 들어오고 죄로 말미암아 (   )이 들어왔나니 이와 같이 (   )이 죄를 지었으므로 (   )이 모든 사람에게 이르렀느니라"
* 롬 3:10-12: "기록된 바 (   )은 없나니 하나도 없으며 (   )도 없고 하나님을 찾는 자도 없고 다 치우쳐 함께 무익하게 되고 (   )을 행하는 자는 없나니 하나도 없도다"

2. 성경적인 죄의 개념은 무엇입니까? 다음 성경 원어의 의미를 써 보세요.
   (1) 하타트: _____
   (2) 파   사: _____
   (3) 하마르티아: _____
   (4) 아노미아: _____

3. 죄에 대한 성경적 정의를 요약하여 봅시다.
   _____
   _____

   * 요일 3:4: "죄를 짓는 자마다 (   )을 행하나니 죄는 (   )이라"

4. 죄의 구분과 관련하여 다음을 간단하게 설명하여 보십시오.
   (1) 원   죄: _____
   (2) 자범죄: _____

   * 시 14:1-3: "그들은 (   )하고 그 행실이 가증하니 선을 행하는 자가 없도다. 여호와께서 하늘에서 인생을 굽어살피사 지각이 있어 (   )을 찾는 자가 있는가 보려 하신즉 다 치우쳐 함께 (   )가 되고 선을 행하는 자가 없으니 (   )도 없도다"

5. 죄의 본질과 특징들은 무엇입니까?

　(1) _____

　_____

　(2) _____

　_____

　(3) _____

　_____

　(4) _____

　_____

　(5) _____

　_____

　(6) _____

　_____

6. 아담의 원죄가 우리에게 전가되는 이유가 무엇입니까?

　_____

　_____

　그리고 어떤 의미에서 그러합니까?

　(1) _____
　(2) _____

7. 원죄가 전가되는 내용은 구체적으로 무엇을 말하는 것입니까?

　(1) _____
　(2) _____

8. 인간의 죄의 결과가 무엇입니까?

   (1) _____

   (2) _____

   (3) _____

   (4) _____

9. 다음의 성경 구절들을 찾아서 읽고 따라 써보면서 그 말씀의 의미를 묵상해 봅시다.

   (1) 렘 17:9: _____

   (2) 시 51:3: _____

   (3) 시 51:5: _____

   (4) 롬 6:23: _____

- Soli Deo Gloria! -

Memo

제 11 과

은혜언약과 선택 _ 은혜 안에 있는 인간

제20문 : 하나님이 모든 인류가 죄와 비참한 상태에서 멸망하도록 버려
두셨습니까?

답 : 하나님께서 오직 그 (　　　　　　　) 어떤 이들을 (　　)
에로 택하셔서 (　　　)으로 들어가게 하셨습니다. 그것은 그들을
한 구속자에 의하여 (　　　)의 상태에서 건져내어 (　　　)의 상태로
이끌어 들이려는 것입니다.

* 《참조성구》 행 17:26; 롬 5:12-14; 창 2:17; 고전 15:21-22.

1. 은혜 언약(the Covenant of Grace)이란 무엇을 말하는 것입니까?

_____

_____

_____

* 롬 3:23-24: "(　　　　)이 죄를 범하였으매 (　　　　　)에 이르지 못하더니
(　　　　) 안에 있는 속량으로 말미암아 (　　　　)로 값없
이 (　　　)을 얻은 자 되었느니라"

2. 예수 그리스도 안에서 오직 믿음으로 말미암아 죄인들을 구원하시는 것을 특별히 '은혜 언약'이라고 부르는 이유가 무엇입니까?

(1) _____

(2) _____

(3) _____

* 요 3:16: "하나님이 (   )을 이처럼 사랑하사 (   )를 주셨으니 이는 그를 (   )마다 멸망하지 않고 (   )을 얻게 하려 하심이라"

3. 행위언약과 은혜언약을 비교하여 다음의 빈칸을 채워 보십시오.

	행위 언약	은혜 언약
제 1 당사자	창조주 하나님	
제 2 당사자	타락하지 않은 인간 (아담)	
성취여부	가변적이고 불확실함 (인간의 자유의지)	
언약의 조건	율법의 순종	
중보자	없음	

4. 은혜 언약의 당사자는 누구인가요?

(1) 제1당사자: _____

(2) 제2당사자: _____

5. 은혜 언약의 유일한 중보자는 누구이십니까?

   _____

   예수 그리스도께서는 어떤 의미에서 우리의 중보자가 되십니까?

   (1) _____

   (2) _____

   * 딤전 2:5: "하나님은 한 분이시요 또 하나님과 사람 사이에 (   )도 한 분이시니 곧 사람이신 (   )라"

6. 은혜 언약에 있어 우리의 "믿음"과 "순종"(행위)는 어떠한 의미를 가지는 것입니까?

   (1) 믿음: _____

   (2) 순종(행위): _____

   * 갈 3:11: "또 하나님 앞에서 아무도 (   )으로 말미암아 의롭게 되지 못할 것이 분명하니 이는 (   ) 하였음이라"
   * 약 2:26: "영혼 없는 몸이 죽은 것 같이 (   )이니라"

7. 은혜 언약을 통하여 주어진 약속이 무엇입니까?

   (1) _____

   (2) _____

   * 렘 31:31, 33: "여호와의 말씀이니라 보라 날이 이르리니 내가 이스라엘 집과 유다 집에 (   ) 을 맺으리라 … (   ) 이라"
   * 요 3:15: "이는 그를 믿는 자마다 (   )을 얻게 하려 하심이니라"

8. 은혜 언약의 특징은 무엇입니까?

   (1) _____

   _____

   (2) _____

   _____

   (3) _____

   _____

   (4) _____

   _____

   (5) _____

   _____

   (6) _____

   _____

9. 다음의 성경 구절들을 찾아서 읽고 따라 써보면서 그 말씀의 의미를 묵상해 봅시다.

   (1) 엡 2:8-9: _____

   (2) 롬 1:17: _____

   (3) 히 7:22: _____

   (4) 계 22:17: _____

- Soli Deo Gloria! -

Memo

제 12 과

성자 하나님 _ 구속자 예수 그리스도

제21문 : 하나님께서 선택하신 자들의 구속자는 누구이십니까?

답 : 하나님이 택하신 자들의 (　　　　)는 (　　　　　)이십니다. 그는 하나님의 (　　　　)로서 사람이 되셨으며, 그러므로 그는 과거와 미래에 계속하여 영원토록 (　　　)이시요, (　　　)이시며, (　　　)의 특유한 성품을 가지신 (　　　)이십니다.

* 《참조성구》 딤전 2:5; 요 1:1,14; 10:30; 골 2:9; 갈 4:4; 히 4:4; 히 7:24; 빌 2:5-11; 롬 9:5; 히 13:8.

1. 그리스도론(Christology)은 무엇을 다루는 것이며, 오늘날 그리스도론이 왜 문제가 되는 것인가요?

   _____
   _____
   _____

   * 마 16:15-17: "이르시되 (　　　　　　　) 시몬 베드로가 대답하여 이르되 (　　　　　　　) 예수께서 대답하여 이르시되 바요나 시몬아 네가 복이 있도(　　　　)"

2. '예수'(Jesus)라는 호칭의 의미는 무엇입니까?

   구약에서 예수님의 예표가 되는 인물은 누구이며, 왜 그러한가요?

   (1) _____ : _____

   (2) _____ : _____

   * 마 1:21: "아들을 낳으리니 이름을 (   )라 하라 이는 (   ) 하니라"

3. '그리스도'(Christ)의 구약의 호칭과 그 의미는 무엇입니까?

   _____ : _____

   구약에서 어떤 직분이 그리스도이신 예수님의 직분을 예표하며, 그 의미는 무엇인가요?

   (1) _____ : _____

   (2) _____ : _____

   (3) _____ : _____

   * 요 4:25-26: "여자가 이르되 메시야 곧 (   )라 하는 이가 오실 줄 내가 아노니 그가 오시면 (   ) 예수께서 이르시되 네게 말하는 (   ) 하시니라"
   * 히 6:20: "그리로 앞서 가신 예수께서 (   )의 반차를 따라 영원히 (   )이 되어 우리를 위하여 들어 가셨느니라"

* 눅 1:31-33: "보라 네가 잉태하여 아들을 낳으리니 그 이름을 (   )라 하라 그가 큰 자가 되고 지극히 높으신 이의 아들이라 일컬어질 것이요 주 하나님께서 그 조상 (   )를 그에게 주시리니 영원히 야곱의 집을 (   )이며 그 나라가 무궁하리라"

4. '주'(Kurios, the Lord)라는 호칭의 의미는 무엇인가요?
   _____
   _____

5. 예수 그리스도께서 '참 하나님'(the true God)이심을 부인하는 이단에는 어떤 것들이 있었습니까? 간단하게 설명하여 보세요.
   (1) _____(Ebionism): _____
   _____
   (2) _____(Arianism): _____
   _____

6. 예수 그리스도께서 '참 인간'(the true Man)이심을 부인하는 이단에는 어떤 것들이 있었습니까? 간단하게 설명하여 보세요.
   (1) _____(Docetism): _____
   _____
   (2) _____(Apolinarianism): _____
   _____

7. 예수 그리스도의 인격의 통일성(신성-인성의 위격적 연합)을 부인하는 이단에는 어떤 것들이 있었습니까? 간단하게 설명하여 보세요.

   (1) _____(Nestorianism): _____

   _____

   (2) _____(Eutychianism): _____

   _____

8. 왜 예수 그리스도께서는 참 하나님(*vere Deus*; the true God)이심과 동시에 참 사람(*vere Homo*; the true Man)이셔야만 하는가요?

9. <칼케톤 신경>(Chalcedon Creed, 451년)을 읽고 따라 써보면서 그 의미를 깊이 묵상해 봅시다.

10. 다음의 성경 구절들을 찾아서 읽고 따라 써보면서 그 말씀의 의미를 묵상해 봅시다.

   (1) 마 1:21: _____

   _____

   (2) 마 16:16: _____

   _____

- Soli Deo Gloria! -

Memo

제 13 과
예수 그리스도의 성육신

제22문 : 하나님의 아들이신 그리스도께서 어떻게 사람이 되셨습니까?

답 : 하나님의 아들이신 그리스도께서는 (   )을 취하사 (   )의 권능으로 동정녀 마리아에게 잉태되어 탄생하심으로 (   )이 되셨습니다. 그러나 (   )는 없으십니다.

　　* 《참조성구》 요 1:14; 히 2:14; 마 26:38; 눅 1:31-42; 갈 4:4; 히 4:15; 히 7:26; 눅 2:5.

1. 성경에 따르면 예수 그리스도께서는 언제부터 존재하셨습니까?

* 요 1:1-3: "태초에 (   )이 계시니라 이 말씀이 하나님과 함께 계셨으니 이 말씀은 곧 (   )이시니라 그가 (   )에 하나님과 (   ) 계셨고 (   )이 그로 말미암아 지은 바 되었으니 지은 것이 하나도 그가 없이는 된 것이 없느니라"

* 골 1:15-17: "그는 보이지 아니하는 (   )이시요 (   )시니 만물이 그에게서 창조되되 하늘과 땅에서 보이는 것들과 보이지 않는 것들과 혹은 왕권들이나 (   )들이나 통치자들이나 권세들이나 (   )이 다 그로 말미암고 그를 위하여 창조되었고 또한 (   )"

2. '로고스'(Logos)라는 호칭의 뜻이 무엇입니까?

예수 그리스도께서 '하나님의 말씀'(the Word of God)이라는 의미가 무엇인가요?

* 요일 1:1-2: "태초부터 있는 (   )에 관하여는 우리가 들은 바요 눈으로 본 바요 자세히 보고 우리의 손으로 만진 바라 이 (   )이 나타내신 바 된지라 이 (   )을 우리가 보았고 증언하여 너희에게 전하노니 이는 (   )와 함께 계시다가 우리에게 나타내신 바 된 이시니라"

3. 예수 그리스도에 대한 '하나님의 아들'(the Son of God)이라는 칭호는 특별히 무엇을 분명하게 드러내는 것입니까?

* 마 3:17: "하늘로부터 소리가 있어 말씀하시되 이는 (   )라 하시니라"
* 요일 4:14-15: "아버지가 (   )을 (   )로 보내신 것을 우리가 보았고 또 증언하노니 누구든지 예수를 (   )이라 시인하면 (   )이 그의 안에 거하시고 그도 하나님 안에 거하느니라"

4. '인자'(the Son of Man)라는 칭호는 무엇을 나타내며, 주로 어떤 문맥에서 사용되었습니까?

* 창 3:15: "내가 너로 여자와 원수가 되게 하고 네 후손도 (   )과 원수가 되게 하리니 여자의 후손은 네 (   )를 상하게 할 것이요 너는 그의 (   )를 상하게 할 것이니라"
* 마 20:28: "(   )가 온 것은 섬김을 받으려 함이 아니라 도리어 (   ) 하고 (   )을 많은 사람의 (   )로 주려 함이니라"

5. '성육신 교리'(the doctrine of Incarnation)는 무엇을 말하는 것입니까? 간단하게 설명하여 보세요.

_____

_____

* 요일 4:2-3: "이로써 너희가 하나님의 영을 알지니 곧 (   )을 시인하는 영마다 하나님께 속한 것이요 (   )를 시인하지 아니하는 영마다 하나님께 속한 것이 아니니 이것이 곧 (   )의 영이니라"
* 빌 2:6-8: "그는 근본 (   )시나 하나님과 동등됨을 취할 것으로 여기지 아니하시고 오히려 자기를 비워 (   )를 가지사 (   )들과 같이 되셨고 (   )으로 나타나사 자기를 낮추시고 죽기까지 복종하셨으니 곧 (   )이라"

6. 영원한 하나님의 말씀이 육신이 되시어 오신 목적이 무엇입니까?

_____

_____

* 갈 4:4-5: "때가 차매 하나님이 그 아들을 보내사 여자에게서 나게 하시고 율법 아래에 나게 하신 것은 (   )"
* 요 3:16: "하나님이 (   )"

7. 예수 그리스도께서는 참 하나님이심과 동시에 우리와 똑같은 참 사람이시지만 우리와는 한 가지 전혀 다른 점은 무엇이며, 왜 그러합니까? 간단하게 설명하여 보세요.

_____
_____
_____

* 사 7:14 – "보라 (   )가 잉태하여 아들을 낳을 것이요 그의 이름을 (   )이라 하리라"
* 고후 5:21 – "하나님이 (   )를 우리를 대신하여 죄로 삼으신 것은 우리로 하여금 그 안에서 (   )가 되게 하려 하심이라"

8. <니케아 신경>(the Nicene Creed, 325년)의 기독론 부분(p. 203)을 읽고 따라 써보면서 그 의미를 깊이 묵상해 봅시다.

_____
_____
_____
_____
_____
_____
_____

9. 다음의 성경 구절들을 찾아서 읽고 따라 써보면서 그 말씀의 의미를 묵상해 봅시다.
   (1) 요 1:1-3: _____

(2) 마 20:28: _____

- Soli Deo Gloria! -

Memo

제 14 과

예수 그리스도의 삼중직분

제23문 : 그리스도께서는 구속자로서 무슨 직분을 행하십니까?

답 : 그리스도께서는 우리의 구속자로서 (   ), (   ), (   )의 직분을 행하시되 (   )지시고 (   )지신 양 지위에서 행하십니다.

* 《참조성구》 행 3:22; 눅 4:18, 21; 히 5:5-6; 계 19:16; 사 9:6-9; 시 2:6

제24문 : 그리스도께서는 어떻게 선지자의 직분을 행하십니까?

답 : 그리스도께서 (   )의 직분을 행하시는 것은 우리를 (   )하시고자 하시는 하나님의 뜻을 그 (   )과 (   )으로 말미암아 우리에게 나타내는 것입니다.

* 《참조성구》 요 15:15; 딤후 3:15; 요 20:31; 벧후 1:21; 요 14:26; 요 1:1, 4, 8; 히 1:1-2; 요 1:18

제25문 : 그리스도께서는 어떻게 제사장의 직분을 행하십니까?

답 : 그리스도께서 (   )의 직분을 행하시는 것은 단번에 자기를 (   )로 드려 하나님의 (   )를 만족시키셨으며 우리를 하나님으로 더불어 (   )케 하시고 또 우리를 위하여 항상 간구하시는 것입니다.

* 《참조성구》 히 7:25; 히 8:1; 히 9:14, 28; 롬 3:26; 롬 10:4; 히 2:17; 히 7:25

제26문 : 그리스도께서는 어떻게 왕의 직분을 행하십니까?

답 : 그리스도께서 (   )의 직분을 행하시는 것은 우리로 하여금 자기에

게 (　　)하게 하시고 우리를 (　　　)시며 보호하시고 자기와 및 우리의 모든 (　　)를 막아 이기시는 것입니다.
* 《참조성구》 시 110:3; 사 33:22; 사 32:1-2; 고전 15:25; 행 12:17; 행 18:9-10; 행 2:36

1. 오직 예수 그리스도만이 우리의 유일한 중보자이신 이유는 무엇인가요?
    (1) _____
    (2) _____
    (3) _____

2. 우리의 중보자이신 예수 그리스도께서 그의 구원사역을 위해 가지시는 세 가지 직분(the threefold offices)은 각각 무엇인가요?
    (1) _____
    (2) _____
    (3) _____

    * 딤전 2:5: "하나님은 한 분이시요 또 하나님과 사람 사이에 (　　　)도 한 분이시니 곧 사람이신 (　　　　)라"
    * 행 4:12: "다른 이로써는 (　　　)을 받을 수 없나니 천하 사람 중에 구원을 받을 만한 (　　)을 우리에게 주신 일이 없음이라 하였더라"

3. 구약에서 '선지자'(prophet)의 하는 일이 무엇입니까?
    _____
    _____

    예수 그리스도께서 '참 선지자'(the true Prophet)이신 독특성이 무엇입니까?

(1) _____

(2) _____

(3) _____

* 히 1:1-2: "옛적에 (   )들을 통하여 여러 부분과 여러 모양으로 우리 조상들에게 말씀하신 하나님이 이 모든 날 마지막에는 (   )을 통하여 우리에게 말씀하셨으니 이 아들을 만유의 상속자로 세우시고 또 그로 말미암아 모든 세계를 지으셨느니라"

4. 구약에서 '제사장'(priest)의 하는 일이 무엇입니까?

_____

_____

예수 그리스도께서 '참 대제사장'(the true High Priest)이신 독특성이 무엇입니까?

(1) _____

(2) _____

(3) _____

* 히 6:20: "그리로 앞서 가신 예수께서 (   )의 반차를 따라 영원히 (   )이 되어 우리를 위하여 들어 가셨느니라"

5. 예수 그리스도께서 가지신 왕권의 의미가 무엇입니까?

_____

_____

예수 그리스도께서 가지신 중보적 왕권은 '영적 왕권'과 '우주적 왕권'

으로 나누어 볼 수 있는데, 각각을 간단히 설명하여 보세요.

(1) _____

(2) _____

* 눅 1:32-33: "그가 큰 자가 되고 지극히 높으신 이의 아들이라 일컬어질 것이요 주 하나님께서 그 조상 (   )를 그에게 주시리니 영원히 야곱의 집을 (   )으로 다스리실 것이며 그 나라가 무궁하리라"

6. 예수 그리스도의 삼중직분에 대한 다음 비교분석표의 의미를 생각하며 빈칸을 채워보세요.

	선지자	제사장	왕
본래적 인간의 상태	지식(지혜)	( )	의
타락한 인간의 상태	( )	죄악	( )
구약의 예표	( )와 선지자들	( )과 그 후손	( )과 그 후손
예수 그리스도	( )	희생제물	( )
회개의 3중 측면	지(죄를 깨달음)	정(죄를 뉘우치고 슬퍼함)	의( )
참 교회의 표지	( )	성례전의 올바른 집행	의

7. 다음의 성경 구절들을 찾아서 읽고 따라 써보면서 그 말씀의 의미를 묵상해 봅시다.

(1) 롬 10:13: _____

(2) 요일 2:2: _____

(3) 딤전 2:5-6: _____
_____

- *Soli Deo Gloria!* -

Memo

제 15 과

예수 그리스도의 두 가지 상태
_ 낮아지심과 높아지심

제27문 : 그리스도의 낮아지심의 내용은 무엇입니까?

답 : 그리스도의 낮아지신 것은 그가 (　　) 상태에 태어나시고 (　　) 아래 있으며 이 세상의 비참과 하나님의 진노와 (　　　　) 을 당하신 것과 (　　)되어 얼마동안 죽음의 권세 아래 남아있었던 것입니다.

* 《《참조성구》》 눅 2:7; 빌 2:6-8; 고후 8:9; 갈 4:4; 사 53:3; 마 27:46; 눅 22:41-44; 갈 3:13; 고전 15:3-4; 고전 15:4

제28문 : 그리스도의 높아지심의 내용은 무엇입니까?

답 : 그리스도의 높아지심은 사흘만에 죽은 자들 가운데서 (　　　) 과 (　　　)과 하나님 아버지의 (　　　)에 앉으신 것과 마지막 날에 세상을 (　　)하러 오시는 것입니다.

* 《《참조성구》》 고전 15:3-4; 행 1:9; 엡 1:19-20; 행 1:11; 행 17:31

1. 하나님의 아들이신 예수 그리스도만의 낮아지심의 각 단계는 무엇입니까?

(1) _____

(2) _____
(3) _____
(4) _____
(5) _____

2. 예수 그리스도의 성육신은 왜 그의 낮아지심의 첫 단계입니까?

   _____
   _____

   * 빌 2:6-8: "그는 근본 (   )시나 하나님과 동등됨을 취할 것으로 여기지
     아니하시고 오히려 자기를 비워 (   )를 가지사 사람들과 같이 되
     셨고 (   )으로 나타나사 자기를 (   ) 죽기까지 복종하셨
     으니 곧 십자가에 죽으심이라"

3. 예수 그리스도께서 율법에 순종하신 것이 왜 그의 낮아지심이며, 그 의미는 무엇입니까?

   _____
   _____

   * 갈 4:4: "때가 차매 하나님이 그 아들을 보내사 여자에게서 나게 하시고 (   )
     아래에 나게 하신 것은 율법 아래에 있는 자들을 (   )하시고 우리로
     (   )을 얻게 하려 하심이라"

4. 왜 예수 그리스도께서 고난을 당하셨습니까?

   _____
   _____

* 사 53:3-4: "그는 멸시를 받아 사람들에게 버림 받았으며 (   )를 많이 겪었으며 (   )를 아는 자라 마치 사람들이 그에게서 얼굴을 가리는 것 같이 (   )를 당하였고 우리도 그를 귀히 여기지 아니하였도다 그는 실로 우리의 질고를 지고 우리의 (   )을 당하였거늘 우리는 생각하기를 그는 징벌을 받아 하나님께 맞으며 (   )을 당한다 하였노라"

5. 예수 그리스도의 십자가에서 죽으심은 어떤 성격의 죽음이었습니까?

_____

_____

* 롬 5:8: "우리가 아직 (   ) 되었을 때에 그리스도께서 우리를 위하여 (   )으로 하나님께서 우리에 대한 자기의 (   )을 확증하셨느니라"

6. 예수 그리스도께서 무덤에 장사지냄을 당하신 것의 의미가 무엇인가요?

_____

_____

7. 하나님의 아들이신 예수 그리스도만의 높아지심의 각 단계는 무엇입니까?

  (1) _____
  (2) _____
  (3) _____
  (4) _____

8. 예수 그리스도의 부활의 의미는 무엇입니까?

    * 고전 15:20: "이제 (　　)께서 죽은 자 가운데서 다시 살아나사 잠자는 자들의 (　　)가 되셨도다"

9. 예수 그리스도의 승천의 의미는 무엇입니까?

    * 요 16:28: "내가 아버지에게서 나와 (　　)에 왔고 다시 세상을 떠나 (　　)께로 가노라"

10. 하나님의 보좌 우편에 앉으신 예수 그리스도께서 하시는 일은 무엇입니까?

    * 엡 1:20-22: "그의 능력이 (　　) 안에서 역사하사 죽은 자들 가운데서 다시 살리시고 하늘에서 자기의 오른편에 앉히사 모든 (　　)와 권세와 능력과 (　　)과 이 세상뿐 아니라 오는 세상에 일컫는 모든 이름 위에 뛰어나게 하시고 또 (　　)을 그의 발 아래에 복종하게 하시고 그를 만물 위에 (　　)로 삼으셨느니라"

11. 세상 마지막 날에 예수 그리스도께서는 어떤 모습으로 다시 오시며, 또한 재림하셔서 하시는 일은 무엇입니까?

* 마 25:31-33: "인자가 자기 영광으로 모든 천사와 함께 올 때에 자기 (   ) 에 앉으리니 모든 민족을 그 앞에 모으고 각각 (   )하기를 목자가 (   )과 (   )를 구분하는 것 같이 하여 (   )은 그 오른편에 염소는 (   )에 두리라"

12. 다음의 성경 구절들을 찾아서 읽고 따라 써보면서 그 말씀의 의미를 묵상해 봅시다.
    (1) 롬 10:13:
    (2) 요일 2:2:

- Soli Deo Gloria! -

Memo

제 16 과

성령 하나님과 구원 _ 그리스도와의 연합

제29문 : 우리가 어떻게 그리스도께서 값주고 사신 그 구속에 참여자가 됩니까?

답 : 그리스도께서 값주고 사신 그 (   )에 참여자가 되는 것은 그의 (   )으로 우리에게 구속을 (   )으로 말미암아 됩니다.

* 《참조성구》 딛 3:5-6; 요 1:12-13; 요 3:5-6

제30문 : 성령께서는 그리스도께서 성취하신 구속을 우리에게 어떻게 적용하십니까?

답 : 성령께서 그리스도께서 성취하신 구속을 우리에게 적용하시는 것은 우리 안에 (   )을 일으키시고, 또 (   )으로써 우리를 (   )하게 하는 것입니다.

* 《참조성구》 요 6:63; 엡 2:8; 갈 2:20; 요 15:5; 고전 6:17; 고전 1:9; 벧전 5:10; 엡 4:15-16

1. 성령 하나님은 누구이신가요?

_____

_____

2. <아타나시우스 신조>, 제23-28항을 읽고 따라 써 보면서 그 의미를

깊이 묵상해 봅시다.

_____
_____
_____
_____

3. 성령 하나님에 대한 성호들에는 어떤 것들이 있습니까?

   (1) _____
   (2) _____
   (3) _____
   (4) _____
   (5) _____
   (6) _____

4. 성령 하나님에 대한 여러 가지 다른 상징적인 표현들에는 어떤 것들이 있습니까?

   (1) _____
   (2) _____
   (3) _____
   (4) _____
   (5) _____
   (6) _____

5. 성령 하나님께서 하시는 여러 가지 사역에는 어떤 것들이 있습니까?

   (1) _____

   (2) _____

   (3) _____

   (4) _____

   (5) _____

   (6) _____

6. 성령 하나님께서 믿는 자들에게 그의 신령한 은사들을 주시는 이유는 무엇이며, 그러한 은사들에는 어떤 것들이 있습니까?

   _____

   _____

   * 엡 4:11-12: "그가 어떤 사람은 사도로, 어떤 사람은 선지자로, 어떤 사람은 복음 전하는 자로, 어떤 사람은 목사와 교사로 삼으셨으니 이는 성도를 (   )하게 하여 (   )을 하게 하며 (   )을 세우려 하심이라"

7. 성령의 열매들은 무엇이며, 은사와는 어떤 관계에 있습니까?

   _____

   _____

   * 갈 5:22: "오직 성령의 열매는 (   )과 (   )과 (   )과 (   )과 (   )와 (   )과 (   )와 (   )니 이같은 것을 금지할 법이 없느니라"

8. 성경적인 구원의 개념은 무엇입니까?
   _____
   _____

9. 우리를 구원하심에 있어 삼위일체 하나님이 하시는 사역은 각각 무엇입니까?
   (1) _____
   (2) _____
   (3) _____

10. '그리스도와의 연합'(the Communion with Christ)은 무엇을 말하는 것입니까?
    _____
    _____

11. '구원의 서정'(*Ordo Salutis*)은 무엇이며, 그 순서는 어떻게 되나요?
    _____
    _____
    (1) _____
    (2) _____
    (3) _____
    (4) _____

(5) _____
(6) _____
(7) _____
(8) _____
(9) _____

12. 다음의 성경 구절들을 찾아서 읽고 따라 써보면서 그 말씀의 의미를 묵상해 봅시다.

   (1) 요 15:26: _____
   _____

   (2) 고후 1:22: _____
   _____

- Soli Deo Gloria! -

Memo

제 17 과

유효적 부르심과 중생

제31문 : 효과있는 부르심이란 무엇입니까?

답 : 효과있는 부르심이란 (　　　　)의 사역인 바, 우리의 죄와 비참을 확실히 알게 하시고, 그리스도에 대한 지식으로 우리의 (　　)을 밝게 하시며, 우리의 뜻을 새롭게 하십니다. 그는 복음 안에서 우리에게 값없이 주신 (　　　　)를 받아들이도록 우리를 (　　)하시며 또한 그렇게 할 (　　)을 주십니다.

* 《참조성구》 딤후 1:8-9; 엡 1:18-20; 행 2:37; 행 26:18; 겔 11:19; 겔 36:26-27; 요 6:44-45; 엡 2:5; 살후 2:13; 빌 2:13

제32문 : 효과있는 부르심을 받은 자들이 이 세상에서 누리는 혜택이 무엇입니까?

답 : 효과있는 부르심을 받은 자들은 이 세상에서 (　　　　　)과 (　　　　)과 (　　　　　)과 그리고 이 세상에서 이것들을 곁따르거나 또는 이것들로부터 나오는 여러가지 혜택을 누립니다.

* 《참조성구》 롬 8:30; 엡 1:5; 고전 1:30

1. '소명' 혹은 '부르심'(Calling)이란 무엇을 말하는 것입니까?

_____

* 계 22:17: "성령과 신부가 말씀하시기를 (   ) 하시는도다 듣는 자도 오라 할 것이요 목마른 자도 올 것이요 또 원하는 자는 값없이 (   )를 받으라 하시더라"

2. 하나님의 부르심은 어떻게 구별할 수 있습니까? 또한 이것은 무엇에 의한 구별입니까?

   (1) _____ (Universal Calling)
   (2) _____ (Special Calling / Effectual Calling)

   * 고전 1:21: "하나님의 지혜에 있어서는 이 세상이 (   )로 하나님을 알지 못하므로 하나님께서 (   )의 미련한 것으로 믿는 자들을 구원하시기를 기뻐하셨도다"

3. '외적소명' 이란 무엇입니까?

   _____

   * 막 16:15-16: "너희는 온 천하에 다니며 만민에게 (   )을 전파하라 믿고 세례를 받는 사람은 (   )을 얻을 것이요 믿지 않는 사람은 (   )를 받으리라"
   * 마 11:28: "수고하고 무거운 (   )들아 다 내게로 오라 내가 너희를 (   ) 하리라"

4. 외적소명에 반드시 포함되어야 할 것이 무엇입니까?

(1) _____
(2) _____
(3) _____

* 행 16:31: "주 예수를 믿으라 그리하면 (   )와 (   )이 구원을 받으리라"
* 요 3:36: "아들을 믿는 자에게는 (   )이 있고 아들에게 (   )하지 아니하는 자는 영생을 보지 못하고 도리어 하나님의 (   )가 그 위에 머물러 있느니라"

5. 외적소명의 특징은 무엇입니까?

(1) _____
(2) _____
(3) _____

6. '내적소명' 이란 무엇인가요?

_____
_____

* 롬 8:28: "우리가 알거니와 (   )을 사랑하는 자 곧 그 뜻대로 (   )을 입은 자들에게는 모든 것이 합력하여 (   )을 이루느니라"

7. 내적소명의 특징은 무엇입니까?

(1) _____
(2) _____
(3) _____

* 딤후 1:9: "하나님이 우리를 구원하사 거룩하신 (　　　)으로 부르심은 우리의 (　　　) 대로 하심이 아니요 오직 자기 (　　)과 영원한 때 전부터 (　　　　) 예수 안에서 우리에게 주신 (　　　)대로 하심이라"

8. '중생' (Regeneration, 거듭남)이란 무엇을 말하는 것입니까?

　　성경에서 이것을 여러 가지 다른 표현으로 어떻게 말하고 있습니까?
　　(1) _____
　　(2) _____
　　(3) _____
　　(4) _____
　　(5) _____

* 요 3:3: "예수께서 대답하여 가라사대 진실로 진실로 네게 이르노니 사람이 (　　　　) 아니하면 하나님 나라를 볼 수 없느니라"

9. 중생의 특징에 대하여 간단하게 설명하여 보십시오.
　　(1) _____
　　(2) _____
　　(3) _____
　　(4) _____
　　(5) _____

* 고후 5:17: "그런즉 누구든지 (　　　　) 안에 있으면 새로운 (　　　　)이라 이전 것은 지나갔으니 보라 (　　　　)이 되었도다"

- Soli Deo Gloria! -

Memo

제 18 과

회심 _ 구원에 이르는 믿음과 회개

제85문 : 죄 때문에 마땅히 당할 하나님의 진노와 저주를 피하게 하시려고 하나님이 우리에게 요구하시는 것이 무엇입니까?

답 : (　　) 때문에 마땅히 당할 하나님의 진노와 (　　)를 피하게 하시려고 하나님께서 우리에게 요구하시는 것은 그리스도께서 (　　)의 혜택을 우리에게 전달하는 데 사용하시는 모든 외형적 방법을 우리가 힘써 사용하면서 예수 그리스도를 (　　) 생명에 이르는 (　　)를 하는 일입니다.

*《참조성구》 행 20:21; 막 1:15; 요 3:18; 벧후 1:10; 히 2:3; 딤전 4:16.

제86문 : 예수 그리스도를 믿는다는 것이 무엇입니까?

답 : 예수 그리스도를 믿는다는 것은 일종의 (　　　　)입니다. 그것에 의하여 우리는 (　　)에서 우리에게 제시된 대로의 그분만을 받아들이고 의지하여 (　　)을 얻는 것입니다.

*《참조성구》 엡 2:8; 갈 2:16; 요 1:12; 빌 3:9.

제87문 : 생명에 이르는 회개란 무엇입니까?

답 : 생명에 이르는 회개는 일종의 (　　　　)입니다. 그것에 의하여 죄인이 자기의 (　　)에 대한 참된 의식을 가지고 그리스도 안에서 베푸신 하나님의 (　　)를 이해하는 가운데 자기 죄를 슬퍼하고 미워하며 그의 죄에서 (　　) 하나님을 향하고 새로운 복종을 최고의

목적으로 삼고 또 그것을 위하여 노력하는 것입니다.

*《참조성구》 행 11:18; 행 2:37-38; 렘 31:18-19; 욜 2:13; 행 26:18; 시 119:59; 롬 6:18; 겔 36:31; 고후 7:10-11.

1. '회심'(Conversion)이란 무엇을 말하는 것입니까?

   _____

   _____

   * 사 55:6-7: "너희는 여호와를 만날 만한 때에 찾으라 가까이 계실 때에 그를 부르라 악인은 그의 길을, 불의한 자는 그의 생각을 버리고 (   ) 그리하면 그가 긍휼히 여기시리라 우리 (   ) 그가 너그럽게 용서하시리라"

2. 회심의 두 가지 측면은 무엇을 말하는 것이며, 서로 어떤 관계에 있습니까?

   (1) _____ (Faith)

   (2) _____ (Repentance)

   _____

   _____

   * 막 1:14-15: "예수께서 갈릴리에 오셔서 하나님의 복음을 전파하여 이르시되 때가 찼고 하나님의 나라가 가까이 왔으니 (   )하고 복음을 (   ) 하시더라"

3. '믿음'의 성경적 의미는 무엇입니까?

   (1) 에무나: _____

(2) 헤에민(아만): _____

(3) 바타트: _____

(4) 피스티스: _____

4. 구원에 이르는 '참된 믿음'의 의미는 무엇이며, 그 세 가지 요소가 무엇입니까?

_____

_____

_____

(1) 지적 요소: _____

(2) 감정적 요소: _____

(3) 결의적 요소: _____

* 행 16:31: "주 예수를 (   ) 그리하면 너와 네 집이 (   )을 받으리라"
* 롬 10:9-10: "네가 만일 네 입으로 예수를 주로 (   )하며 또 하나님께서 그를 죽은 자 가운데서 살리신 것을 네 마음에 (   ) 구원을 받으리라 사람이 마음으로 (   ) 의에 이르고 입으로 (   )하여 구원에 이르느니라"

5. '회개'의 성경적 의미는 무엇입니까?

(1) 나캄: _____

(2) 슈브: _____

(3) 메타노이아: _____

(4) 에피스트로페: _____

(5) 메타말로마이: _____

6. 생명에 이르는 '참된 회개'의 의미는 무엇이며, 그 세 가지 구성요소는 무엇인가요?

_____

_____

_____

(1) 지적 요소: _____

(2) 감정적 요소: _____

(3) 결의적 요소: _____

* 시 51:17: "하나님께서 구하시는 제사는 (　　　　)이라 하나님이여 상하고 (　　)하는 마음을 주께서 멸시하지 아니하시리이다"
* 요일 1:8-9: "만일 우리가 (　　　)고 말하면 스스로 속이고 또 진리가 우리 속에 있지 아니할 것이요 만일 우리가 우리 (　　)를 자백하면 그는 미쁘시고 의로우사 우리 죄를 사하시며 우리를 모든 (　　)에서 깨끗하게 하실 것이요"

7. 다음의 성경 구절을 찾아서 읽고 따라 써보면서 그 말씀의 의미를 묵상해 봅시다.

(1) 시 51:3: _____

_____

(2) 호 1:6: _____

_____

(3) 눅 5:32: _____

_____

(4) 고후 7:10: _____

(5) 행 26:20: _____

_____

- Soli Deo Gloria! -

Memo

제 19 과

칭의(의롭다 하심)와 양자(자녀 삼으심)

제33문 : 의롭다 하심이 무엇입니까?

답 : 의롭다 하심은 하나님이 값없이 주시는 (　　　)으로서 하나님께서 우리의 모든 (　　)하시고 그가 보시기에 의로운 자로 우리를 받아 주시는 것을 말합니다. 그것은 오직 (　　　)를 우리에게 덧입혀 주시기 때문이고, 그리고 오직 그것을 (　　)으로 받아들임으로 이루어지는 것입니다.

* 《참조성구》 엡 1:7; 고후 5:19–21; 롬 4:5; 롬 3:22, 24, 25; 롬 5:17–19; 롬 4:6–8; 롬 5:1; 행 10:43; 갈 2:16.

제34문 : 양자로 삼으심이란 무엇입니까?

답 : 양자로 삼으심이란 하나님이 값없이 주시는 은혜로서 하나님께서 우리를 그의 (　　)들의 수효 속에 받아 주시며, 그의 모든 (　　)을 우리에게 주시는 것입니다.

* 《참조성구》 요일 3:1–2; 요 1:12; 롬 8:17.

1. '칭의'(Justification)란 무엇을 말하는 것입니까?

* 롬 3:24: "그리스도 예수 안에 있는 (   )으로 말미암아 하나님의 은혜로 (   )을 얻은 자 되었느니라"

2. '칭의'의 특징은 무엇입니까?

   (1) _____

   (2) _____

   (3) _____

   (4) _____

   * 빌 3:9: "내가 가진 의는 율법에서 난 것이 아니요 오직 그리스도를 (   )으로 말미암은 것이니 곧 믿음으로 (   )께로부터 난 의라"

3. 우리가 의롭다함을 얻는 '칭의'의 수단이 무엇입니까?

   _____

   _____

   _____

   * 롬 5:1: "그러므로 우리가 (   )으로 의롭다 하심을 받았으니 우리 주 예수 그리스도로 말미암아 하나님과 (   )을 누리자"

4. '칭의'의 본질은 무엇입니까? 또 그것을 간단히 설명하여 보십시오.

   (_____)와(_____) : _____(Great Exchange)

   * 갈 4:5-7: "율법 아래에 있는 자들을 속량하시고 우리로 (   )을 얻게 하려 하심이라 너희가 아들이므로 하나님이 그 (   )을 우리 마음 가운데 보내사 (   )라 부르게 하셨느니라 그러므로 네가 이 후로는 종이 아니요 아들이니 아들이면 하나님으로 말미암아 (   )을 받을 자니라"

5. '칭의' 의 결과가 무엇입니까?

   * 요 1:12: "영접하는 자 곧 그 이름을 믿는 자들에게는 (   )가 되는 권세를 주셨으니"
   * 롬 8:16-17: "(   )이 친히 우리의 영과 더불어 우리가 하나님의 (   )인 것을 증언하시나니 자녀이면 또한 상속자 곧 (   )요 그리스도와 함께 한 상속자니"

6. '양자' (Adoption)의 의미가 무엇입니까?

   * 갈 4:5-7: "율법 아래에 있는 자들을 속량하시고 우리로 (   )을 얻게 하려 하심이라 너희가 아들이므로 하나님이 그 (   )을 우리 마음 가운데 보내사 (   )라 부르게 하셨느니라 그러므로 네가 이 후로는 종이 아니요 아들이니 아들이면 하나님으로 말미암아 (   )을 받을 자니라"

7. 예수 그리스도 안에서 우리가 하나님의 자녀가 되는 양자됨의 여러 가지 특징이 무엇입니까?

   (1) _____
   (2) _____
   (3) _____
   (4) _____
   (5) _____
   (6) _____

* 엡 2:3, 12: "전에는 우리도 다 그 가운데서 우리 (   )의 욕심을 따라 지내며 육체와 (   )의 원하는 것을 하여 다른 이들과 같이 본질상 (   )이었더니 … 그 때에 너희는 (   ) 밖에 있었고 이스라엘 나라 밖의 사람이라 (   )의 언약들에 대하여는 (   )이요 세상에서 (   )이 없고 하나님도 없는 자이더니"
* 갈 4:4-5: "때가 차매 하나님이 그 (   )을 보내사 여자에게서 나게 하시고 (   ) 아래에 나게 하신 것은 율법 아래에 있는 자들을 (   )하시고 우리로 (   )의 명분을 얻게 하려 하심이라"
* 갈 3:26: "너희가 다 믿음으로 말미암아 (   ) 안에서 하나님의 (   )이 되었으니"
* 롬 8:15: "너희는 다시 무서워하는 (   )을 받지 아니하고 (   )을 받았으므로 우리가 (   ) 아버지라고 부르짖느니라"

8. 다음의 성경 구절을 찾아서 읽고 따라 써보면서 그 말씀의 의미를 묵상해 봅시다.

   (1) 롬 8:32: _____

   _____

   (2) 롬 3:23-28: _____

   _____

   _____

   _____

   _____

- Soli Deo Gloria! -

Memo

제 20 과

성화(거룩하게 하심)

제35문 : 거룩하게 하심이란 무엇입니까?

답 : 거룩하게 하심은 하나님의 값없는 (   )의 역사로 이로 인해 우리가 (   )을 좇아 전 인격이 새로워지게 되고, (   )에 대하여는 점점 능히 죽고 (   )에 대하여는 능히 살게 되는 것입니다.

* 《참조성구》 살후 2:13; 엡 4:23-24; 벧전 1:2; 롬 6:4, 6, 14; 롬 8:4

1. '성화'(Sanctification)란 무엇을 말하는 것입니까?

   _____

   _____

   * 벧전 1:15-16: "오직 너희를 부르신 거룩한 이처럼 너희도 모든 행실에 (   )가 되라 기록되었으되 (   ) 하셨느니라"

2. '성화'의 특징은 무엇입니까?

   (1) _____

   (2) _____

   (3) _____

(4) _____

(5) _____

_____

(6) _____

* 엡 4:22-24: "너희는 유혹의 욕심을 따라 썩어져 가는 구습을 따르는 (   ) 을 벗어 버리고 오직 너희의 (   )이 새롭게 되어 하나님을 따라 (   )와 진리의 (   )으로 지으심을 받은 (   )을 입으라"

3. 우리가 거룩하게 되는 '성화'의 근거가 무엇입니까?

_____

_____

* 히 10:10, 12: "이 뜻을 따라 예수 그리스도의 (   )을 단번에 드리심으로 말미암아 우리가 (   )을 얻었노라 ··· 그러므로 (   )도 자기 (   )로써 백성을 거룩하게 하려고 성문 밖에서 (   )을 받으셨느니라"

4. 우리를 거룩하게 하시는 '성화'의 주체는 누구이십니까?

(1) _____

(2) _____

* 고전 6:11: "주 예수 그리스도의 (   )과 우리 하나님의 (   ) 안에서 씻음과 (   )과 의롭다 하심을 받았느니라"

5. '성화'의 과정에서 인간의 노력은 어떤 역할을 하는 것입니까?(제2권 pp. 275-76, 각주 7번 설명 참조)

_____
_____

* 갈 5:16: "내가 이르노니 너희는 (   )을 따라 행하라 그리하면 (   )을 이루지 아니하리라"

6. 하나님께서 우리를 거룩하게 하시는 성화의 수단이 무엇입니까?

    (1) _____

    (2) _____

7. 우리 삶 속에서 '성화' 의 결과가 어떤 모습으로 나타나게 되는 것입니까?

    (1) _____

    (2) _____

* 롬 6:13: "또한 너희 지체를 불의의 무기로 (   )에게 내주지 말고 오직 너희 자신을 죽은 자 가운데서 다시 살아난 자 같이 하나님께 드리며 너희 지체를 (   )로 하나님께 드리라"

8. 우리의 성화의 목표가 무엇입니까?

_____
_____

* 엡 4:13-15: "우리가 다 하나님의 (   )을 믿는 것과 아는 일에 하나가 되어 온전한 사람을 이루어 (   )의 장성한 분량이 충만한 데까지 이르리니 이는 … 오직 (   ) 안에서 참된 것을 하여 (   )에 그에게까지 자랄지라 그는 머리니 곧 (   )라"

9. 우리의 성화는 언제 완성되는 것입니까?

_____

* 고후 3:18: "우리가 다 수건을 벗은 얼굴로 거울을 보는 것 같이 (   )을 보매 그와 같은 형상으로 (   )하여 영광에서 영광에 이르니 곧 주의 (   )으로 말미암음이니라"
* 고전 15:51-54: "보라 내가 너희에게 비밀을 말하노니 우리가 다 잠 잘 것이 아니요 마지막 나팔에 순식간에 홀연히 다 (   )되리니 나팔 소리가 나매 죽은 자들이 썩지 아니할 것으로 다시 살아나고 우리도 (   )되리라 이 (   )이 반드시 썩지 아니할 것을 입겠고 이 죽을 것이 죽지 아니함을 입으리로다 이 썩을 것이 썩지 아니함을 입고 이 (   )이 죽지 아니함을 입 때에는 (   )을 삼키고 이기리라고 기록된 말씀이 이루어지리라"

10. 다음의 성경 구절을 찾아서 읽고 따라 써보면서 그 말씀의 의미를 묵상해 봅시다.

   (1) 벧전 1:15-16: _____

   _____

   (2) 엡 4:22-24: _____

   _____

   (3) 갈 5:16: _____

   _____

   (4) 롬 12:1-2: _____

   _____

   (5) 롬 6:13: _____

   _____

- Soli Deo Gloria!-

Memo

제 21 과
구원의 확신과 견인

제36문 : 이 세상에서 의롭다 하심과 양자 삼으심과 거룩하게 하심으로 인하여 함께 받게 되거나 또는 여기서 나오는 유익들은 무엇입니까?

답 : 이 세상에서 의롭다 하심과 양자 삼으심과 거룩하게 하심으로 인하여 함께 받거나 또는 여기서 나오는 유익들은 하나님의 (　　)을 확실히 아는 것과 (　　)이 평안한 것과 성령 안에서 얻는 (　　)과 (　　)의 증진과 끝까지 굳게 (　　)입니다.

* 《참조성구》 롬 5:1,2,5; 벧전 1:6; 골 1:10-11; 잠 4:18; 엡 3:16-18; 요 1:16; 계 14:12; 마 24:13; 벧후 1:10

1. 우리는 어떨 때에 믿음과 구원의 확신에 대한 회의가 생기게 되나요? 여러 가지 구체적인 상황들을 생각하고 나열해 봅시다

   (1) _____

   (2) _____

   (3) _____

   (4) _____

2. 하나님의 언약에 대한 신실하심과 사랑이 왜 우리의 구원에 대한 확신의 근거가 되는 것입니까?

_____

_____

_____

* 롬 5:8: "우리가 아직 (   ) 되었을 때에 그리스도께서 우리를 위하여 (   )으로 하나님께서 우리에 대한 자기의 (   )을 확증하셨느니라"
* 롬 8:32: "자기 (   )을 아끼지 아니하시고 우리 모든 (   )을 위하여 내주신 이가 어찌 그 (   )과 함께 모든 것을 우리에게 주시지 아니하겠느냐"

3. 우리가 누리는 양심의 평안이 어떻게 구원의 소망과 증거가 되는 것일까요?

_____

_____

_____

* 롬 15:13: "소망의 하나님이 모든 기쁨과 (   )을 (   ) 안에서 너희에게 충만하게 하사 성령의 능력으로 (   )이 넘치게 하시기를 원하노라"
* 요 14:27: "(   )을 너희에게 끼치노니 곧 나의 (   )을 너희에게 주노라 내가 너희에게 주는 것은 (   )이 주는 것과 같지 아니하니라 너희는 마음에 (   )하지도 말고 두려워하지도 말라"

4. 우리가 누리는 참된 기쁨이 어떻게 구원의 증거가 되는 것입니까?

_____

_____

_____

* 롬 14:17: "하나님의 나라는 먹는 것과 마시는 것이 아니요 오직 성령 안에 있는 (   )와 (   )과 (   )이라"

* 합 3:17-18: "비록 무화과나무가 (   )하지 못하며 포도나무에 (   )가 없으며 감람나무에 소출이 없으며 밭에 먹을 것이 없으며 우리에 (   )이 없으며 외양간에 소가 없을지라도 나는 (   )로 말미암아 즐거워하며 나의 구원의 (   )으로 말미암아 기뻐하리로다"

5. 성령 충만과 영적인 성장, 그리고 말씀에 대한 순종(선한 행위)이 어떻게 구원의 확신의 근거가 되는 것일까요?

   _____

   _____

* 엡 4:13-15: "우리가 다 하나님의 아들을 (   )과 (   )에 하나가 되어 온전한 사람을 이루어 그리스도의 (   )이 충만한 데까지 이르리니 … 오직 사랑 안에서 참된 것을 하여 범사에 그에게까지 자랄지라 그는 머리니 곧 (   )라"
* 딤전 6:11-12: "오직 너 하나님의 사람아 이것들을 피하고 의와 (   )과 믿음과 (   )과 인내와 (   )를 따르며 (   )의 선한 싸움을 싸우라 (   )을 취하라 이를 위하여 네가 부르심을 받았고 많은 증인 앞에서 선한 (   )을 하였도다"

6. 성도의 견인 교리의 의미가 무엇입니까?

   _____

   _____

* 빌 1:6: "너희 안에서 착한 일을 시작하신 이가 (   )의 날까지 이루실 줄을 우리는 확신하노라"
* 요 10:27-29: "내 양은 내 음성을 들으며 나는 그들을 알며 그들은 나를 따르느니라 내가 그들에게 영생을 주노니 영원히 (   )하지 아니할 것이요 또 그들을 내 손에서 빼앗을 자가 없느니라 그들을 주신 내 아버지는 만물보다 크시매 아무도 (   )에서 빼앗을 수 없느니라"

7. 성도의 견인에 대한 움직일 수 없는 근거가 무엇입니까?

   (1) _____

   (2) _____

   (3) _____

8. 하나님께서 주신 구원의 은혜를 이루기까지 우리가 해야 할 일은 무엇입니까?

   (1) _____

   (2) _____

   (3) _____

9. 다음의 성경 구절을 찾아서 읽고 따라 써보면서 그 말씀의 의미를 묵상해 봅시다.

   (1) 롬 8:39-40: _____

   _____

   (2) 히 3:14: _____

   _____

   (3) 히 6:17-18: _____

   _____

- Soli Deo Gloria!-

Memo

제 22 과

그리스도인의 죽음과 중간상태

제37문 : 신자들이 죽을 때 그리스도로부터 받는 혜택들이 무엇입니까?

답 : 신자들은 죽을 때 그들의 (　　　)은 완전히 거룩하게 되어 그 즉시 (　　　)에 들어가고, 그 육체는 그리스도와 (　　　)된 그대로 부활 때까지 (　　　)에서 쉬게 되는 것입니다.

* 《참조성구》 히 12:23; 계 19:8; 요일 3:2; 엡 5:27; 눅 23:43; 살전 4:14; 계 14:13; 요 5:28

1. 종말론은 어떻게 나뉘며, 각각은 무엇을 다루는 것입니까?

   (1) _____ : _____

   _____

   (2) _____ : _____

   _____

2. 성경이 가르치는 바에 의하면, 우리 인간이 경험하게 되는 죽음의 종류에는 어떤 것들이 있습니까? 그리고 그것에 대하여 간단히 설명하여 보세요.

(1) _____ : _____

(2) _____ : _____

(3) _____ : _____

* 창 6:3: "여호와께서 이르시되 나의 (   )이 영원히 사람과 함께 하지 아니하리니 이는 그들이 (   )이 됨이라"
* 창 3:19: "너는 흙이니 (   )으로 돌아갈 것이니라 하시니라"
* 계 21:8: "그러나 두려워하는 자들과 믿지 아니하는 자들과 흉악한 자들과 살인자들과 음행하는 자들과 점술가들과 우상 숭배자들과 거짓말하는 모든 자들은 (   )으로 타는 못에 던져지리니 이것이 (   )이라"

3. 인간이 경험하게 되는 죽음 가운데 중생한(구원받은) 그리스도인은 경험하지 않는 것이 무엇인가요?

_____

_____

* 계 2:11: "귀 있는 자는 성령이 (   )들에게 하시는 말씀을 들을지어다 이기는 자는 (   )의 해를 받지 아니하리라"

4. 우리가 경험하게 되는 육체적 죽음의 궁극적 원인은 무엇 입니까?

_____

_____

* 롬 6:23: "(   )의 삯은 (   )이요"
* 히 9:27: "한번 (   )은 사람에게 정해진 것이요 그 후에는 (   )이 있으리니"

5. 구원받은 그리스도인에게 있어 육체적 죽음의 의미는 무엇인가요? 각각을 간단히 설명하여 보세요.

    (1) 영혼과 육체의 분리로서의 죽음: _____

    (2) 성화의 완성으로서의 죽음: _____

    (3) 축복된 삶의 잠정적인 시작으로서의 죽음: _____

    * 전 12:7: "흙은 여전히 (　　)으로 돌아가고 영은 그것을 주신 (　　)께로 돌아가기 전에 기억하라"
    * 롬 8:10: "또 그리스도께서 너희 안에 계시면 (　　)은 죄로 말미암아 죽은 것이나 (　　)은 의로 말미암아 살아 있는 것이니라"
    * 눅 23:43: "예수께서 이르시되 내가 진실로 네게 이르노니 오늘 네가 나와 함께 (　　)에 있으리라 하시니라"

6. 성경이 가르치는 '중간상태'(the intermediate state)란 무엇을 말하는 것입니까? 간단하게 설명하여 보세요.

7. '중간상태'에 대하여 성경이 가르치는 의미가 무엇입니까?

    (1) 잠정적인 축복(provisional blessedness): _____

    (2) 잠정적인 저주(provisional damnation): _____

* 고후 5:1: "만일 땅에 있는 우리의 (   )이 무너지면 하나님께서 지으신 집 곧 손으로 지은 것이 아니요 하늘에 있는 (   )이 우리에게 있는 줄 아느니라"

8. 로마 가톨릭에서 주장하는 '연옥설'(Purgatory Theory)이 잘못된 이유가 무엇입니까?

9. '영혼수면설'은 무엇을 말하는 것이며, 이것이 잘못된 이유가 무엇입니까?

10. 다음의 성경 구절을 찾아서 읽고 따라 써보면서 그 말씀의 의미를 묵상해 봅시다.

   (1) 롬 5:12:

   (2) 롬 8:10:

(3) 고후 3:1-3: _____

_____

- Soli Deo Gloria!-

Memo

제 23 과

육체의 부활과 최후심판

제38문 : 신자들이 부활할 때 그리스도로부터 받는 혜택들은 무엇입니까?

답 : 신자들은 (   )할 때, 영광 중에 다시 (   )을 받아서 (   ) 날에 신자임을 공적으로 인정을 받고 무죄선고를 받으며, 영원토록 하나님을 흡족하게 즐기는 (   )을 받게 되는 것입니다.

* 《《참조성구》》 살전 4:16; 요 5:28; 고전 15:42-44; 마 10:32; 25:33-34; 요일 3:2; 시 16:11; 살전 4:17; 고전 13:12

1. 기독교의 종말론은 무엇을 말하는 것입니까?

   _____
   _____

2. 기독교 종말론의 핵심사건은 무엇입니까?

   _____
   _____

* 히 9:28: "이와 같이 그리스도도 많은 사람의 죄를 담당하시려고 단번에 드리신 바 되셨고 (   )에 이르게 하기 위하여 (   )와 상관 없이 자기를 바라는 자들에게 (   ) 나타나시리라"

* 요 5:28-29: "이를 놀랍게 여기지 말라 (　　) 속에 있는 자가 다 그의 음성을 들을 때가 오나니 선한 일을 행한 자는 (　　)의 부활로, 악한 일을 행한 자는 (　　)의 부활로 나오리라"

3. 예수 그리스도의 재림에 대하여 성경이 가르치는 것이 무엇입니까?
   _____
   _____

4. 예수 그리스도의 재림에 대하여 성경이 가르쳐 주는 징조들은 무엇입니까?
   (1) _____
   (2) _____
   (3) _____
   (4) _____

5. 예수 그리스도의 재림의 형태와 방식에 대하여 성경은 어떻게 말하고 있습니까?
   (1) _____
   (2) _____
   (3) _____
   (4) _____
   (5) _____

6. 예수 그리스도의 재림의 목적에 대하여 성경은 어떻게 말하고 있습니까?

   (1) _____
   (2) _____
   (3) _____
   (4) _____
   (5) _____

7. 예수 그리스도께서 다시 오실 때에 죽은 자들은 어떻게 되는 것일까요?

   _____
   _____

8. 마지막 종말 때, 부활한 몸(부활체)의 성질에 대하여 성경을 어떻게 말하고 있습니까?

   (1) _____
   (2) _____
   (3) _____
   (4) _____

9. '최후 심판'은 무엇을 말하는 것입니까?

   _____
   _____

10. 최후 심판 때 모든 것을 심판하시는 심판자는 누구입니까?

　　_____

11. 최후 심판의 대상자는 누구입니까?

　　(1) _____
　　(2) _____

12. 최후 심판의 근거는 무엇입니까?

　　(1) _____
　　(2) _____

13. 심판의 결과 각인들의 최후의 상태는 어떠합니까?

　　(1) 히 9:27-28: _____

　　(2) 요 5:28-29: _____

　　(3) 계 21:1-4: _____

　　(4) 계 20:10: _____

- Soli Deo Gloria!-

Memo

제 24 과

교회란 무엇인가? _ 성경적 교회 이해

1. 오늘날 교회 이해에 있어 무엇이 문제가 되는 것입니까?
   _____
   _____

2. 구약성경에 나타나는 교회에 대한 용어들에는 어떤 것들이 있으며, 그 의미는 무엇입니까?

   (1) 카할: _____
   _____

   * 느 13:1: "그 날 모세의 책을 낭독하여 백성에게 들렸는데 그 책에 기록하기를 암몬 사람과 모압 사람은 영원히 (　　　)에 들어오지 못하리니"
   * 시 22:22: "내가 주의 이름을 형제에게 선포하고 (　　) 가운데에서 주를 찬송하리이다"

   (2) 에다: _____
   _____

   * 출 16:1: "이스라엘 자손의 온 (　　)이 엘림에서 떠나 엘림과 시내 산 사이에 있는 신 광야에 이르니 애굽에서 나온 후 둘째 달 십오일이라"

3. 신약성경에 나타나는 교회와 관련된 용어에는 어떤 것이 있으며, 그 의미는 무엇입니까?

   (1) 시나고게: _____

   _____

   * 눅 7:5: "그가 우리 민족을 사랑하고 또한 우리를 위하여 (   )을 지었나이다"

   (2) 에클레시아: _____

   _____

   * 행 7:38: "시내 산에서 말하던 그 천사와 우리 조상들과 함께 (   )에 있었고 또 살아 있는 (   )을 받아 우리에게 주던 자가 이 사람이라"
   * 행 20:28: "여러분은 자기를 위하여 또는 온 (   )를 위하여 삼가라 성령이 그들 가운데 여러분을 감독자로 삼고 하나님이 자기 피로 사신 (   )를 보살피게 하셨느니라"

4. 교회는 언제부터 있었으며, 어떤 형태로 존재했습니까?

   _____

   _____

5. 교회의 역사에 있어 '아브라함 언약'은 어떤 의미를 가지는가요?

   _____

   _____

   * 창 12:1-3: "여호와께서 아브람에게 이르시되 너는 너의 고향과 친척과 아버지의 집을 떠나 내가 네게 보여 줄 땅으로 가라 내가 너로 (   )을 이루고 네게 복을 주어 네 (   )을 창대하게 하리니 (   ) 너를 축복하는 자에게는 내가 복을 내리고 너를 저주하는 자에게는 내가 저주

하리니 땅의 모든 족속이 너로 말미암아 (   )을 얻을 것이라 하신지라"

6. 교회의 역사에 있어 '출애굽 사건'은 어떤 의미를 가지는가요?
   _____
   _____

7. '로암미'(호 1:9)는 교회의 역사에서 어떤 의미를 가지며, '남은 자' (the Remnants)들은 누구입니까?
   _____
   _____

8. 교회의 회복과 관련하여 주어진 '새 언약'은 무엇입니까?
   _____
   _____

9. '예수 그리스도'께서 오심은 교회의 역사와 관련하여 어떤 의미를 가지며, 그 특징적인 요소들은 무엇입니까?
   _____
   _____

   (1) _____
   (2) _____
   (3) _____
   (4) _____

(5) _____

10. '오순절 성령 강림 사건'은 교회의 역사와 관련하여 어떤 의미를 가지며, 신약 교회의 특징적인 요소들은 무엇입니까?

_____
_____

(1) _____
(2) _____
(3) _____
(4) _____
(5) _____

11. 다음의 성경 구절을 찾아서 읽고 따라 써보면서 그 말씀의 의미를 묵상해 봅시다.

_____
_____

(1) 호 1:9-10: _____
_____

(2) 렘 31:31-33: _____
_____

(3) 마 16:18: _____
_____

- Soli Deo Gloria!-

Memo

제 25 과

교회의 본질

1. 성경에 나타나는 교회에 대한 다양한 상징들과 표현들에는 어떠한 것들이 있습니까?

   _____
   _____
   _____

2. 교회와 관련하여 성부 하나님께서 하시는 일은 무엇입니까?

   _____
   _____

   * 레 26:12: "나는 너희 중에 행하여 너희의 (   )이 되고 너희는 (   )이 될 것이니라"
   * 출 19:5-6: "세계가 다 내게 속하였나니 너희가 내 말을 잘 듣고 내 (   )을 지키면 너희는 모든 민족 중에서 내 (   )가 되겠고 너희가 내게 대하여 (   ) 나라가 되며 거룩한 (   )이 되리라"

3. 교회가 '언약 공동체'라고 정의하는 것은 어떤 의미가 있습니까?

* 렘 31:31-33: "여호와의 말씀이니라 보라 날이 이르리니 내가 이스라엘 집과 유다 집에 (　　)을 맺으리라 … 그러나 그 날 후에 내가 이스라엘 집과 맺을 (　　)은 이러하니 곧 내가 나의 (　　)을 그들의 속에 두며 그들의 (　　)에 기록하여 나는 그들의 하나님이 되고 그들은 내 (　　)이 될 것이라 여호와의 말씀이니라"
* 벧전 2:9-10: "그러나 너희는 (　　)이요 (　　)들이요 (　　)요 그의 소유가 된 백성이니 … 너희가 전에는 백성이 아니더니 이제는 (　　)이요"

4. 교회는 어떻게 '그리스도의 몸'이 되며, 이것의 의미는 무엇입니까?

* 롬 6:3, 5: "무릇 (　　)와 합하여 세례를 받은 우리는 그의 죽으심과 합하여 세례를 받은 줄을 알지 못하느냐 만일 우리가 그의 죽으심과 같은 모양으로 (　　)한 자가 되었으면 또한 그의 부활과 같은 모양으로 (　　)한 자도 되리라"

5. 교회가 '한 몸'(the One Body)이라고 하는 것은 어떤 의미를 가지는 가요?

* 롬 12:4-5: "우리가 (   )에 많은 지체를 가졌으나 모든 지체가 같은 기능을 가진 것이 아니니 이와 같이 우리 많은 사람이 그리스도 안에서 한 몸이 되어 서로 (   )가 되었느니라"

6. 예수 그리스도의 통치는 교회 안에서 그리고 교회를 통하여 어떻게 이루어지는 것입니까?

_____
_____
_____

* 엡 1:21-23: "모든 통치와 (   )와 능력과 (   )과 이 세상뿐 아니라 오는 세상에 일컫는 모든 이름 위에 뛰어나게 하시고 또 (   )을 그의 발 아래에 복종하게 하시고 그를 만물 위에 (   )로 삼으셨느니라 교회는 그의 (   )이니 만물 안에서 (   )을 충만하게 하시는 이의 충만함이니라"
* 엡 5:23: "이는 남편이 아내의 머리 됨이 (   )께서 교회의 (   ) 됨과 같음이니 그가 바로 몸의 (   )시니라"

7. 교회를 '성령의 전'(the temple of the Holy Spirit)이라고 하는 것은 어떤 의미를 가지는 것입니까?

_____
_____
_____

* 고전 6:19-20: "너희 (   )은 너희가 하나님께로부터 받은 바 너희 가운데 계신 (   )인 줄을 알지 못하느냐 너희는 너희 자신의 것이 아니라 (   )으로 산 것이 되었으니 그런즉 너희 (   )으로 하나님께 (   )을 돌리라"

8. 교회를 '은사 공동체'라고 하는 것은 어떤 의미입니까?

_____

_____

* 고전 12:4-7: "은사는 여러 가지나 (   )은 같고 직분은 여러 가지나 (   )는 같으며 또 사역은 여러 가지나 모든 것을 모든 사람 가운데서 이루시는 (   )은 같으니 각 사람에게 성령을 나타내심은 (   )하게 하려 하심이라"

9. 교회를 "교제/사귐의 공동체"라고 하는 것은 어떤 의미입니까?

_____

_____

* 엡 4:1-4: "너희가 (   )을 받은 일에 합당하게 행하여 모든 (   )과 (   )로 하고 오래 참음으로 (   ) 가운데서 서로 용납하고 (   )의 매는 줄로 성령이 하나 되게 하신 것을 힘써 지키라 (   )이 하나요 (   )도 한 분이시니 이와 같이 너희가 부르심의 한 (   ) 안에서 부르심을 받았느니라"

10. 다음의 성경 구절을 찾아서 읽고 따라 써보면서 그 말씀의 의미를 묵상해 봅시다.

   (1) 레 26:12: _____

   (2) 엡 5:23: _____

   _____

   (3) 고전 3:16: _____

   _____

- Soli Deo Gloria! -

Memo

제 26 과

교회의 사명

1. 교회가 감당해야 할 5대 사명이 무엇입니까?

   (1) _____

   (2) _____

   (3) _____

   (4) _____

   (5) _____

2. '언약공동체'로서 교회는 어떤 사명을 가지며, 왜 그리해야 합니까?

   _____

   _____

   * 출 5:1: "그 후에 모세와 아론이 바로에게 가서 이르되 이스라엘의 하나님 여호와께서 이렇게 말씀하시기를 내 백성을 보내라 그러면 그들이 (　　)에서 내 앞에 (　　)를 지킬 것이니라 하셨나이다"
   * 고전 6:19-20: "너희는 너희의 것이 아니라 (　　)으로 산 것이 되었으니 그런즉 너희 (　　)으로 하나님께 (　　)을 돌리라"

3. 예배의 중심은 무엇이며, 또한 참된 예배는 어떤 것입니까?

_____

_____

_____

* 롬 12:1: "그러므로 형제들아 내가 하나님의 모든 자비하심으로 너희를 권하노니 너희 (   )을 하나님이 기뻐하시는 거룩한 (   )로 드리라 이는 너희가 드릴 (   )니라"
* 요 4:23-24: "아버지께 참되게 예배하는 자들은 (   )과 (   )로 예배할 때가 오나니 곧 이 때라 아버지께서는 자기에게 이렇게 (   )하는 자들을 찾으시느니라 하나님은 (   )이시니 예배하는 자가 (   )과 (   )로 예배할지니라"

4. '신앙고백 공동체' 로서 교회는 어떤 사명을 가지는가요? 이것을 간단히 설명해 보십시오.

　(1) _____ : _____

_____

* 딤후 3:14-17: "그러나 너는 배우고 (   )에 거하라 너는 네가 누구에게서 배운 것을 알며 또 어려서부터 성경을 알았나니 (   )은 능히 너로 하여금 그리스도 예수 안에 있는 믿음으로 말미암아 (   )에 이르는 지혜가 있게 하느니라 (   )은 하나님의 (   )으로 된 것으로 교훈과 (   )과 바르게 함과 (   )로 교육하기에 유익하니 이는 하나님의 사람으로 (   )하게 하며 모든 (   )을 행할 능력을 갖추게 하려 함이라"

　(2) _____ : _____

_____

* 딤전 4:7: "망령되고 허탄한 신화를 버리고 (   )에 이르도록 네 자신을 (   )하라"

5. '교제 공동체'로서 교회가 가지는 사명이 무엇입니까? 이것을 간단히 설명하여 보십시오.

   _____ : _____
   _____
   _____

6. 교회안에서 사귐과 교제는 어떻게 이루어져야 하는 것입니까?

   _____
   _____
   _____

   * 엡 4:1-3: "그러므로 주 안에서 갇힌 내가 너희를 권하노니 너희가 부르심을 받은 일에 합당하게 행하여 모든 (   )과 온유로 하고 오래 참음으로 (   ) 가운데서 서로 용납하고 (   )의 매는 줄로 성령이 하나 되게 하신 것을 힘써 지키라"

7. '은사 공동체'로서 교회가 가지는 사명이 무엇입니까? 이것을 간단히 설명하여 보십시오

   _____ : _____
   _____
   _____

   * 엡 4:11-12: "그가 어떤 사람은 사도로, 어떤 사람은 (   )로, 어떤 사람은 복음 전하는 자로, 어떤 사람은 (   )와 (   )로 삼으셨으니 이는 성도를 온전하게 하여 (   )의 일을 하게 하며 (   )을 세우려 하심이라"

8. 성령의 은사는 무엇이며, 왜 우리에게 주시는 것입니까?

_____

_____

* 고전 12:4-7: "은사는 여러 가지나 (　　)은 같고 직분은 여러 가지나 (　　)는 같으며 또 사역은 여러 가지나 모든 것을 모든 사람 가운데서 이루시는 (　　) 은 같으니 각 사람에게 성령을 나타내심은 유익하게 하려 하심이라"

9. '전도/선교 공동체' 로서 교회가 가지는 사명이 무엇입니까? 이것을 간단히 설명하여 보십시오.

_____ :

_____

_____

* 막 16:15: "너희는 온 천하에 다니며 (　　)에게 (　　)을 전파하라"
* 마 28:19-20: "너희는 가서 모든 족속으로 제자를 삼아 아버지와 아들과 성령의 이름으로 (　　)를 주고, 내가 너희에게 분부한 (　　)을 가르쳐 지키게 하라"

10. 다음의 성경 구절을 찾아서 읽고 따라 써보면서 그 말씀의 의미를 묵상해 봅시다

  (1) 롬 12:1: _____

  (2) 딤전 4:7: _____

  (3) 마 28:19-20: _____

_____

- Soli Deo Gloria!-

Memo

제 27 과

참된 교회의 속성과 표지

1. 참된 교회가 본질적으로 가지는 4대 속성이 무엇입니까? 사도신경과 니케아신경은 이것을 어떻게 고백하고 있습니까?

   (1) _____
   (2) _____
   (3) _____
   (4) _____
   * 사도신경: _____
   * 니케아신경: _____

2. 교회의 속성과 표지는 어떤 관계에 있습니까?

   _____
   _____

3. 우리가 '교회를 믿는다' 고 고백하는 것은 무엇을 의미하는 것입니까?

   _____
   _____

4. '교회의 단일성'은 무엇을 의미하는 것입니까?

   * 고전 12:12-13: "(   )은 하나인데 많은 (   )가 있고 몸의 지체가 많으나 한 몸임과 같이 그리스도도 그러하니라 우리가 유대인이나 헬라인이나 종이나 자유인이나 다 한 (   )으로 세례를 받아 (   )이 되었고 또 다 한 성령을 마시게 하셨느니라"

5. 교회의 '일치와 연합'은 어떻게 이루어져야 하는 것일까요? 교회의 단일성과 다양성은 어떤 관계에 있습니까?

6. '교회의 거룩성'은 무엇을 의미하는 것입니까?

7. "이미 개혁된 교회라 할지라도 끊임없이 계속하여 개혁되어져 가야만 한다(ecclesia reformata semper reformanda est)"는 종교개혁의 가르침은 무엇을 말하는 것입니까?

8. '교회의 보편성'은 무엇을 의미하는 것입니까?

_____

_____

* 골 3:11: "거기에는 헬라인이나 (   )이나 할례파나 (   )나 야만인이나 (   )이나 종이나 (   )이 차별이 있을 수 없나니 오직 그리스도는 (   )시요 만유 안에 계시니라"

9. 교회의 보편성은 어디까지 확장되는 개념입니까?

_____

_____

_____

10. '교회의 사도성'은 무엇을 의미하는 것입니까?

_____

_____

11. 교회의 '사도적 계승'이란 무엇을 말하는 것일까요?

_____

_____

12. 참된 교회가 가지는 외적인 3대 표지는 무엇입니까? 3대 표지 사이의 상관관계는 무엇입니까?

　(1) _____

　(2) _____

(3) _____
_____
_____

13. 교회의 '첫 번째 표지'는 무엇이며, 그 의미는 무엇입니까?
_____
_____

14. 교회의 '두 번째 표지'는 무엇이며, 그 의미는 무엇입니까?
_____
_____

15. 교회의 '세 번째 표지'는 무엇이며, 그 의미는 무엇입니까?
_____
_____

16. 다음의 성경 구절을 찾아서 읽고 따라 써보면서 그 말씀의 의미를 묵상해 봅시다.
   (1) 골 3:11: _____
   (2) 엡 4:4-6: _____
   _____

- Soli Deo Gloria!-

Memo

제 28 과

교회의 정치와 조직

1. 하나님과의 '언약공동체'로서 교회의 가장 중심되는 정치원리는 무엇이며, 그것은 무엇을 의미하는 것입니까?

   _____
   _____

   * 벧전 2:9: "너희는 택하신 (　　)이요 왕 같은 (　　)들이요 거룩한 (　　)요 그의 소유가 된 (　　)이니 이는 너희를 어두운 데서 불러내어 그의 기이한 (　　)에 들어가게 하신 이의 아름다운 (　　)을 선포하게 하려 하심이라"

2. 교회를 직접적으로 다스리시는 분은 누구이십니까?

   _____
   _____

   * 골 1:18: "그는 몸인 교회의 (　　)시라 그가 (　　)이시요 죽은 자들 가운데서 먼저 나신 이시니 이는 친히 만물의 (　　)이 되려 하심이요"

3. 예수 그리스도께서 그의 몸된 교회를 다스리시는 방편은 무엇이며,

이것을 통하여 어떻게 다스리십니까?

_____

_____

* 딤후 3:15-17: "성경은 능히 너로 하여금 그리스도 예수 안에 있는 (   )으로 말미암아 (   )에 이르는 (   )가 있게 하느니라 모든 (   )은 하나님의 (   )으로 된 것으로 교훈과 책망과 바르게 함과 (   )로 교육하기에 유익하니 이는 하나님의 사람으로 (   )하게 하며 모든 선한 일을 행할 (   )을 갖추게 하려 함이라"

* 요 16:13-15: "그러나 진리의 (   )이 오시면 그가 너희를 모든 (   ) 가운데로 인도하시리니 그가 스스로 말하지 않고 오직 (   )을 말하며 장래 일을 너희에게 알리시리라 그가 내 영광을 나타내리니 (   )을 가지고 너희에게 알리시겠음이라 무릇 아버지께 있는 것은 다 내 것이라 그러므로 내가 말하기를 그가 (   )을 가지고 너희에게 알리시리라 하였노라"

4. 교회의 대표적인 정치형태에는 어떠한 것들이 있습니까? 또 그것들이 어떻게 다른지 각각을 간단하게 설명하여 보십시오.

(1) _____ : _____

_____

(2) _____ : _____

_____

(3) _____ : _____

_____

5. 개혁파 장로교회의 대표적인 정치원리는 무엇입니까?

(1) _____

(2) _____
　　(3) _____
　　(4) _____

6. '교인' 이란 어떤 사람을 일컫는 것이며, 교인은 어떻게 구분할 수 있습니까?

　　_____ / _____ / _____

7. 교인의 의무와 권리는 각각 무엇입니까?
　　(1) _____
　　(2) _____

8. '교회의 비상직원(창설직원)' 이란 무엇을 가리키는 것입니까?
　　(1) _____
　　(2) _____
　　(3) _____

9. '교회의 통상직원(항존직원)' 은 무엇을 가리키는 것입니까?
　　(1) _____
　　(2) _____
　　(3) _____
　　(4) _____

10. 교회의 '임시직원' 과 '준직원' 이란 무엇입니까?

   (1) _____

   (2) _____

   _____

11. 교회의 각 '치리회' 에는 무엇이 있으며, 각각은 어떻게 구성되는지 간단하게 설명하여 보십시오.

   (1) _____
   (2) _____
   (3) _____

12. 다음의 성경 구절을 찾아서 읽고 따라 써보면서 그 말씀의 의미를 묵상해 봅시다.

   (1) 골 3:11: _____
   (2) 엡 4:4-6: _____

   _____

- Soli Deo Gloria!-

Memo

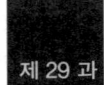

제 29 과

은혜의 방편(I) _ 하나님의 말씀

제88문 : 그리스도께서 구속의 혜택을 우리에게 전달하시는데 쓰시는 외형적인 방법은 무엇입니까?

답 : 그리스도께서 (　　　)을 우리에게 전달하시는데 쓰시는 외형적인 통상적 방편은 그의 법령들, 특히 (　　)과 (　　)와 (　　)이며, 이것들은 모두 택함을 받은 자들을 (　　　)에 이르게 하는 데 효력이 있습니다.

* 《참조성구》 딤후 3:16-17; 요 6:53-57; 마 28:19-20; 행 2:41-42; 고전 3:6

제89문 : 말씀이 어떻게 효력이 되어 구원을 합니까?

답 : 하나님의 영께서 말씀의 낭독, 특히 말씀의 (　　)를 하나의 효과적 방편으로 삼으셔서 죄인들에게 죄를 깨닫게 하시고 (　　)케 하시며, 또 거룩함과 위안으로써 그들을 튼튼하게 하십니다. 이것은 (　　)을 통하여 이루어지며 마침내 (　　)에 이르게 하는 것입니다.

* 《참조성구》 요 5:39, 17:3; 행 2:37; 약 2:23; 요 4:22; 시 19:7, 119:130; 살전 1:6

제90문 : 말씀이 우리를 구원에 이르게 하는 효과 있는 것이 되게 하려면 우리가 말씀을 어떻게 읽고 들어야 합니까?

답 : 말씀이 우리를 구원에 이르게 하는 효과 있는 것이 되게 하려면 우리가 (　　)과 준비와 (　　)로써 거기에 열중하고 (　　)과 사랑으로 받아들이고 우리 마음에 간직하며 우리 생활에서 그것을 (　　)

해야 합니다.

* 《참조성구》 잠 8:34; 눅 8:18; 벧전 2:1-2; 히 4:2; 딤전 4:13; 시 119:18, 91; 사 66:2; 약 1:21-22

1. 우리가 하나님께서 값없이 주시는 구원의 은혜를 받는 방편은 무엇입니까? 그리고 그것이 어떻게 우리에게 적용되는지 간단히 설명하여 보세요.

    (1) 구원의 내적방편: _____ / _____
    (2) 구원의 외적방편: _____ / _____

    _____
    _____

    * 롬 10:13-17: "누구든지 (   )는 구원을 받으리라 그런즉 그들이 믿지 아니하는 이를 어찌 부르리요 듣지도 못한 이를 어찌 믿으리요 (   )하는 자가 없이 어찌 들으리요 보내심을 받지 아니하였으면 어찌 전파하리요 … 그러므로 믿음은 (   )에서 나며 들음은 (   )으로 말미암았느니라"

2. 우리가 하나님의 구원을 은혜를 받는 제일 방편인 '하나님의 말씀'의 삼중적인 의미는 무엇입니까? 각각을 간단히 설명하여 보세요.

    (1) _____ : _____

    _____
    _____

    * 요 1:1-3: "태초에 (   )이 계시니라 이 말씀이 하나님과 함께 계셨으니 이 말씀은 곧 (   )이시니라 그가 태초에 하나님과 함께 계셨고 (   )이 그로 말미암아 지은 바 되었으니 지은 것이 하나도 그가 없이는 된 것이 없느니라"

29과 은혜의 방편(I) _ 하나님의 말씀

(2) _____ : _____

_____

_____

* 딤후 3:16-17: "모든 (   )은 하나님의 (   )으로 된 것으로 교훈과 (   )과 바
르게 함과 의로 (   )하기에 유익하니, 이는 하나님의 사람으로 온
전하게 하며 모든 (   )을 행할 능력을 갖추게 하려 함이라"

(3) _____ : _____

_____

_____

* 살전 2:13: "너희가 우리에게 들은 바 하나님의 (   )을 받을 때에 사람의 말로
받지 아니하고 (   )으로 받음이니 진실로 그러하도다 이 말씀
이 또한 너희 믿는 자 가운데에서 (   )하느니라"

3. 은혜의 방편인 하나님의 말씀이 하는 중요한 역할은 무엇인가요? 각각을 간단히 설명하여 보세요.

(1) _____ : _____

_____

_____

* 히 4:12: "하나님의 말씀은 살아 있고 (   )이 있어 좌우에 날선 어떤 (   )보다도
예리하여 혼과 (   )과 및 관절과 (   )를 찔러 쪼개기까지 하며 또 마음
의 (   )과 뜻을 판단하나니"

(2) _____ : _____

_____

_____

* 롬 1:16-17: "내가 (　　)을 부끄러워하지 아니하노니 이 복음은 모든 믿는 자에게 (　　)을 주시는 하나님의 (　　)이 됨이라 먼저는 유대인에게요 그리고 헬라인에게로다 복음에는 하나님의 (　　)가 나타나서 믿음으로 (　　)에 이르게 하나니 기록된 바 오직 의인은 (　　　　) 함과 같으니라"

4. 하나님의 말씀에 대한 성도의 자세는 어떠해야 합니까?

　　(1) _____ : _____

　　_____

　　_____

　　* 벧전 2:2: "아기들 같이 순전하고 (　　)을 사모하라 이는 그로 말미암아 너희로 (　　)에 이르도록 자라게 하려 함이라"

　　(2) _____ : _____

　　_____

　　_____

　　* 약 1:22-25: "너희는 말씀을 (　　)가 되고 듣기만 하여 자신을 (　　)가 되지 말라 누구든지 말씀을 듣고 행하지 아니하면 그는 거울로 자기의 생긴 얼굴을 보는 사람과 같아서 제 자신을 보고 가서 그 모습이 어떠했는지를 곧 잊어버리거니와 자유롭게 하는 온전한 (　　)을 들여다보고 있는 자는 듣고 잊어버리는 자가 아니요 (　　　　)니 이 사람은 그 행하는 일에 (　　)을 받으리라"

5. 다음의 성경 구절을 찾아서 읽고 따라 써보면서 그 말씀의 의미를 묵상해 봅시다.

　　(1) 히 4:12: _____

(2) 딤후 3:16-17: _____

(3) 롬 10:17: _____

- Soli Deo Gloria!-

Memo

제 30 과

은혜의 방편(II) _ 성례

제91문 : 성례가 어떻게 구원의 효과적 방편이 됩니까?

답 : 성례가 구원의 (　　　　)이 되는 것은 성례 자체가 가지는 어떤 효능이나 그것들을 집례하는 사람이 가진 어떤 덕에서 오는 것이 아니라, (　　　　)과 또 성례를 믿음으로 받아들이는 사람들 속에서 활동하시는 그의 (　　　　)에 의한 것입니다.

* 《참조성구》 고전 3:7, 6:11, 12:13; 벧전 3:21; 행 8:13, 23

제92문 : 성례가 무엇입니까?

답 : 성례는 (　　　)께서 세우신 거룩한 (　　　)입니다. 이 예식에 있어서 사람이 지각할 수 있는 (　　　)들에 의하여 그리스도와 또 새 언약의 혜택들이 신자들에게 (　　　)되고 (　　　)되고 적용되는 것입니다.

* 《참조성구》 마 28:19, 26:26–28; 눅 22:20; 롬 4:11

제93문 : 신약성경이 말하는 성례는 어느 것들입니까?

답 : 신약성경이 말하는 성례는 (　　　)와 (　　　)입니다.

* 《참조성구》 마 28:19–20; 막 14:25; 고전 11:23

1. 하나님께서 우리에게 은혜를 주시기 위한 두 번째 방편인 '성례'란 무엇입니까?

* 〈웨스트민스터 신앙고백서〉(제27장 1항): "성례는 그리스도와 그의 (   )를 나타내고 그 안에 있는 우리의 도움을 (   )하기 위하여 하나님께서 직접 제정해 주신 (   )요 은혜의 언약에 대한 (   )이다. 그와 동시에 (   )에 속한 사람과 세상에 속한 사람을 구별하기 위해서 주신 보이는 (   )이다. 또한 성도들로 하여금 하나님의 (   )에 따라 그리스도 안에서 하나님께 대하여 (   )하기 위하여 제정하신 것이다"

2. 성례가 가지는 중요한 의미는 무엇입니까? 세 가지로 나누어 간단히 설명하여 보세요.

   (1) _____ : _____

   _____

   * 롬 4:3, 11: "성경이 무엇을 말하느냐 아브라함이 하나님을 믿으매 그것이 그에게 (   )로 여겨진 바 되었느니라 … 그가 할례의 (   )를 받은 것은 무할례시에 (   )으로 된 의를 (   )친 것이니 이는 (   )로서 믿는 모든 자의 조상이 되어 그들도 (   )로 여기심을 얻게 하려 하심이라"

   (2) _____ : _____

   _____

   * 마 26:26-28: "그들이 먹을 때에 예수께서 (   )을 가지사 축복하시고 떼어 제자들에게 주시며 이르시되 받아서 먹으라 이것은 (   )이니라 하시고 또 (   )을 가지사 감사 기도 하시고 그들에게 주시며 이르시되 너희가 다 이것을 마시라 이것은 (   )을 얻게 하려고 많은 사

람을 위하여 흘리는 바 나의 피 곧 (   )니라"

(3) _____ : _____
_____
_____

* 히 6:17-18: "하나님은 (   )을 기업으로 받는 자들에게 그 뜻이 변하지 아니함을 충분히 나타내시려고 그 일을 맹세로 (   )하셨나니 이는 하나님이 거짓말을 하실 수 없는 이 두 가지 변하지 못할 사실로 말미암아 … 우리에게 큰 (   )를 받게 하심이라"

3. 예수 그리스도께서 성례를 제정하여 주신 목적이 무엇입니까? 다음의 공란을 채워 보십시오.

   〈웨스트민스터 대교리문답, 162문답〉
   성례는 그리스도께서 자기의 교회 안에서 다음과 같은 목적을 위해 제정하신 거룩한 예식(규례)이다.
   첫째, 은혜 (   ) 가운데 있는 자들에게 그리스도의 중보의 유익을 (   )하여 나타내고 (   )치기 위함이다.
   둘째, 그들의 (   )과 다른 모든 (   )들을 (   )하고 더하기 위함이다.
   셋째, 그들로 하여금 (   )하게 하기 위함이다.
   넷째, 그들 상호간에 사랑과 (   )를 증거하고 간직하게 하기 위함이다.
   다섯째, 그들을 은혜 언약 밖에 있는 자들과 (   )하기 위함이다.

4. 은혜의 방편인 '하나님의 말씀'과 '성례'의 공통점과 차이점은 각각 무엇입니까?

   (1) 공통점: _____

(2) 차이점: _____

5. 성례가 은혜의 방편으로서 효력이 있기 위한 4가지 요건은 무엇입니까?
   (1) _____
   (2) _____
   (3) _____
   (4) _____

6. 성례가 어떻게 구원의 유효한 방편이 됩니까?

   〈웨스트민스터 대교리문답, 161문답〉
   성례가 구원의 (   )이 되는 것은 그것들 자체 안에 있는 어떤 (   )이라든지 혹은 그것을 거행하는 자의 (   )이나 의도에서 나오는 어떤 (   )으로 말미암는 것이 아니고, 다만 (   )와 그것을 제정하신 그리스도의 (   )으로 말미암는 것이다.

7. 예수 그리스도께서 직접 제정하여 주신 두 가지 성례는 무엇이니까?
   (1) _____
   (2) _____

8. 다음의 성경 구절을 찾아서 읽고 따라 써보면서 그 말씀의 의미를 묵

상해 봅시다.

(1) 마 28:19-20: _____

_____

(2) 고전 11:23-26: _____

_____

- Soli Deo Gloria!-

Memo

제 31 과

은혜의 방편(Ⅲ) _ 세례와 성찬

제94문 : 세례가 무엇입니까?

답 : 세례는 성례의 하나로서 성부와 (　　)와 성령의 이름으로 (　　)을 가지고 씻는 (　　)입니다. 그것은 우리가 그리스도께 접붙임을 받음과 (　　　　)의 혜택들에 참여함과 우리가 주님의 것이 된다는 약속을 표시하고 (　　)하는 것입니다.

* 《참조성구》 마 28:19; 롬 6:3; 계 1:5; 갈 3:26-27

제95문 : 세례는 누구에게 베풀 수 있습니까?

답 : 세례를 보이는 교회 (　　)에 있는 사람에게 베풀어서는 안됩니다. 그들이 그리스도께 대한 자기의 (　　)과 복종을 (　　)한 이후이어야 세례를 받을 수 있습니다. 그러나 보이는 교회의 회원과 같은 사람들의 (　　)들은 세례를 받을 수 있습니다.

* 《참조성구》 행 2:41; 2:38-39; 고전 7:14; 갈 3:27-28

제96문 : 성찬이 무엇입니까?

답 : 성찬은 성례의 하나로서 그리스도께서 정하신 대로 (　　)과 (　　)를 주고 받음으로써 그리스도의 죽으심을 나타내 보이는 예식입니다. 그것을 합당하게 받는 자들은 육체적으로 육욕적인 방식을 따르는 자가 아니라 믿음에 의한 자로서, 그리스도의 (　　)과 (　　)에 참여하는 자가 되며, 그의 모든 혜택을 받고 은혜 가운데서 영적인

(　　)과 성장을 얻게 되는 것입니다.

* 《참조성구》 눅 22:15; 고전 11:26-28, 10:16; 요 6:55-56; 마 26:26-27; 엡 3:17

제97문 : 성찬을 합당하게 받으려면 무엇을 필요로 합니까?

답 : 성찬에 (　　)하게 참여하고자 하는 자들에게 요구되는 것은 주님의 (　　)을 분간하는 (　　)에 대해서, 그리스도를 먹고 마시는 그들의 (　　)에 대해서, 그리고 그들의 회개와 사랑과 새 복종에 대해서 스스로를 (　　)입니다. 성찬 때 합당치 않게 참여하다가 결국 자신에게 임하는 (　　)을 먹고 마셔서는 안 되겠습니다.

* 《참조성구》 고전 11:27-29; 요 6:55-56; 롬 6:4

1. 세례는 무엇입니까? 다음의 내용을 중심으로 4가지로 요약해 보십시오.

   * 〈웨스트민스터 대교리문답〉(제165문답): "세례는 그리스도께서 '성부와 성자와 성령의 이름으로 물로 (　　)을 정하신 신약의 한 성례인데, 이것은 그리스도 자신에게 접붙이고, 그의 피로 죄 사함을 받고, 그의 영으로 거듭나고, 양자가 되어 (　　)에 이르는 부활의 (　　)와 (　　)입니다. 이로써 세례 받은 당사자들은 엄숙히 보이는 교회에 (　　)하게 되고, 전적으로 오직 주께만 속한다는 약속을 공개적으로 (　　) 함을 맺게 하는 것입니다."

   (1) _____
   (2) _____
   (3) _____
   (4) _____

2. 세례가 가지는 중요한 의미는 무엇입니까?

* 롬 6:3-5: "무릇 그리스도 예수와 합하여 세례를 받은 우리는 그의 (　　) 과 합하여 세례를 받은 줄을 알지 못하느냐 그러므로 우리가 그의 죽으심과 합하여 (　　)를 받음으로 그와 함께 (　　)되었나니 … 만일 우리가 그의 죽으심과 같은 모양으로 연합한 자가 되었으면 또한 그의 부활과 같은 모양으로 (　　)한 자도 되리라"

3. 세례의 합법적인 집례자는 누구인가요?

4. 세례를 받을 수 있는 정당한 대상자는 누구인가요?
   (1) 장년세례:

   (2) 유아세례:

5. 세례의 올바른 형식에 대하여 반드시 기억해야 할 사실들은 무엇입니까?
   (1)
   (2)
   (3)
   (4)

6. 성찬은 무엇이며, 또 그것이 상징하는 의미는 무엇입니까? 다음 내용을 중심으로 요약해 보십시오.

> * 〈웨스트민스터 대교리문답〉(제168문답): "성찬은 예수 그리스도의 제정하신 대로 (   )과 포도주를 주고 받음으로써 그의 (   )을 보여주는 신약의 성례입니다. 성찬에 합당하게 참여하는 자는 그의 살과 (   )를 먹고 마심으로 (   ) 양식이 되고, 은혜로 자라는 것이며, 주님과의 (   )과 교제가 확고하여지고, 하나님께 대한 감사와 서약과 한 신비로운 (   )의 지체로서 서로 사랑과 (   )를 증거하고 새롭게 하는 것입니다."

(1) _____
(2) _____
(3) _____
(4) _____
(5) _____

7. 성찬은 어떻게 시행되어야 합니까? (<웨스트민스터 신앙고백서> 제29장 3항 참조)

_____
_____

8. 성찬의 효과는 어떻게 나타납니까? (<웨스트민스터 대교리문답> 제170문답 참조)

_____
_____

9. 성찬에 참여할 사람은 어떻게 준비해야 합니까? (<웨스트민스터 대교리문답> 제171문답 참조)

10. 성찬 참여자에게 요구되는 것은 무엇입니까? (<웨스트민스터 대교리문답> 제174문답 참조)

11. 성찬에 참여할 수 없는 사람은 어떤 사람들입니까? (<웨스트민스터 신앙고백서> 제29장 8항 참조)

12. 세례와 성찬의 차이점이 무엇입니까? (<웨스트민스터 대교리문답> 제177문답 참조)

- Soli Deo Gloria!-

Memo

제 32 과
은혜의 방편(IV) _ 기도

제98문 : 기도가 무엇입니까?

답 : 기도는 우리의 (　　)을 하나님께 아뢰는 일입니다. 우리의 (　　)를 고백하며 그리스도의 자비를 감사한 마음으로 인정하면서 (　　)의 뜻에 맞는 것들을 (　　)의 이름으로 아뢰는 것입니다.

* 《《참조성구》》 요 6:38, 14:13-14, 16:23-24; 마 26:39-42; 요일 5:14; 눅 18:13; 빌 4:6; 마 21:22

1. 기도란 무엇입니까?

　　(1) _____

　　(2) _____

　　(3) _____

　　(4) _____

　　(5) _____

2. 기도의 참된 대상은 누구입니까?

　　(1) _____

(2) _____
(3) _____

3. 우리가 기도하는 중요한 목적은 무엇입니까?

   (1) _____
   (2) _____
   (3) _____
   (4) _____
   (5) _____

4. 우리가 기도해야만 하는 이유는 무엇입니까?

   _____
   _____

5. 우리는 무엇을 위하여 기도해야 합니까?

   (1) _____
   _____
   (2) _____
   _____
   (3) _____
   _____

6. 성경에 나타나는 여러 가지 기도의 종류에는 어떤 것들이 있습니까?

7. 기도하는 자세에는 어떤 것들이 있습니까?

8. 우리는 기도에 어떠한 태도로 임해야 하는 것일까요?

9. 기도하는 구체적인 5가지 순서는 무엇입니까?
    (1)
    (2)
    (3)
    (4)
    (5)

10. 기도함으로 우리가 얻는 다양한 유익들이 무엇입니까?

11. 우리가 기도하는 올바른 방법은 무엇입니까?

12. 하나님께서 우리의 기도에 대한 여러 가지 응답은 어떻게 나타납니까?
    (1) _____
    (2) _____
    (3) _____
    (4) _____
    (5) _____

13. 하나님께서 우리의 기도에 응답하시는 여러 가지 방법은 어떠합니까?
    (1) _____
    (2) _____
    (3) _____
    (4) _____
    (5) _____

- Soli Deo Gloria! -

Memo

제 33 과
주기도문(I) _ 서문

제99문 : 하나님께서 우리의 기도의 지침이 되게 하시려고 주신 법칙이 무엇입니까?

답 : 하나님의 (   ) 전체가 우리의 기도의 지침이 됩니다. 그러나 그리스도께서 그의 제자들에게 가르치신 기도의 형식, 곧 보통으로 (   )라고 부르는 그 형식이 기도의 특수한 지침입니다.

* 《참조성구》 마 6:9–12; 요일 5:14; 딤후 3:16–17

제100문 : 주님의 기도의 머리말이 우리에게 가르치는 것이 무엇입니까?

답 : 주님의 기도의 머리말, 곧 "하늘에 계신 우리 아버지여"(새번역: 하늘에 계신 우리 아버지)가 우리에게 가르치는 것은 자식들이 아버지에게 하는 것처럼 우리를 도울 수 있고, 또 언제나 도울 (   )을 가지고 계시는 하나님께 거룩한 (   )과 (   )을 가지고 가까이 가라는 것이며, 또 우리는 남들과 함께, 그리고 (   )을 위해서 기도를 해야 한다는 것입니다.

* 《참조성구》 사 43:1, 57:15, 64:9; 눅 11:13, 15:20, 10:12; 말 1:6; 슥 8:21; 엡 6:18; 롬 8:15

1. 성도의 신앙생활을 위하여 가장 중요한 세 가지 문서는 무엇입니까?

   (1) _____ : _____

(2) _____ : _____
   (3) _____ : _____

2. 그렇다면 도대체 '주기도문'이란 무엇입니까?
   _____
   _____

3. 주기도문의 특징은 무엇입니까?
   (1) 주기도문은 가장 모범적인 기도이다: _____
   _____
   (2) _____
   _____
   (3) _____
   _____
   (4) _____
   _____
   (5) _____
   _____
   (6) _____
   _____

4. 주기도문을 크게 세 부분으로 나누면 어떻게 나눌까요?
   (1) 서   언: _____

(2) _____ : _____
(3) _____ : _____

5. 주기도문에서 하나님을 위한 간구 3가지는 무엇입니까?

(1) 하나님의 이름: _____
(2) _____ : _____
(3) _____ : _____

6. 주기도문에서 사람을 위한 간구 3가지는 무엇입니까?

(1) _____ : _____
(2) _____ : _____
(3) _____ : _____

7. 주기도문 서언은 우리의 기도의 대상이 '하늘에 계신 하나님' 이심을 분명히 가르치고 있습니다. 그런데 '하늘에 계신 하나님' 이라는 구절은 무엇을 의미하는 것입니까? 3가지로 나누어 간단히 말하여 보세요.

(1) 창조주이시며 구속주이신 하나님의 절대적 위엄과 통치를 의미한다: _____

(2) _____ :

(3) _____ :

8. 주기도문 서언에서 우리의 기도의 대상인 하늘에 계신 하나님을 '아버지'라고 부르는 것은 무엇을 의미하는 것입니까?

_____

_____

9. 하늘에 계신 하나님을 특별히 '우리의 하나님'이라고 부르는 것은 우리에게 무엇을 가르쳐 주시는 것입니까?

_____

_____

10. 하나님께서 기뻐 들으시는 성경적인 기도의 원리는 무엇입니까?

　(1) _____

　(2) _____

　(3) _____

　(4) _____

　(5) _____

11. 다음의 성경구절을 찾아서 읽고 따라 써보면서 그 말씀의 의미를 묵상해 봅시다.

　(1) 마 6:9-13: _____

_____

_____ -*Soli Deo Gloria!*-

Memo

제 34 과

주기도문(II) _ 첫 번째 간구

제101문 : 첫째 간구에서 우리가 기도하는 것이 무엇입니까?

답 : "이름이 거룩히 여김을 받으시오며"(새번역: 아버지의 이름을 거룩하게 하시며)라는 첫 간구에서 우리가 기도하는 것은 하나님께서 자기를 알게 하시는데 방편으로 쓰시는 모든 일에 있어서 우리와 또 남들에게 그를 (　　)롭게 할 수 있도록 하게 하시며, 또 모든 일을 하나님 자신의 (　　)을 위하여 처리하시라는 것입니다.

* 《참조성구》 롬 11:36; 마 5:16; 빌 2:11-20; 롬 11:33; 고후 3:5; 사 64:1-2; 시 67:1-3; 시 145장

1. 우리가 기도해야할 첫 번째 간구는 무엇입니까?

_____

_____

* 사 42:8: "나는 여호와니 이는 내 (　　)이라 나는 내 (　　)을 다른 자에게 내 찬송을 우상에게 주지 아니하리라"
* 느 9:5: "너희 무리는 마땅히 일어나 영원부터 영원까지 계신 너희 하나님 (　　)를 송축할지어다 주여 주의 영화로운 (　　)을 송축하올 것은 주의 이름이 존귀하여 모든 (　　)이나 찬양에서 뛰어남이니이다"

2. 하나님의 성호는 무엇을 의미하는 것입니까?

    * 시 9:10: "여호와여 주의 (　　)을 아는 자는 주를 의지하오리니 이는 주를 찾는 자들을 버리지 아니하심이니이다" (cf. 시 20:7; 시 44:8)
    * 행 2:21: "누구든지 주의 (　　)을 부르는 자는 구원을 받으리라 하였느니라" (cf. 행 3:6)

3. 다음과 같은 하나님의 여러 가지 성호의 뜻이 무엇입니까?
   (1) 엘/엘로힘:

   (2) 여호와/야웨:

   (3) 아도나이:

   (4) 데오스:

   (5) 퀴리오스:

   (6) 파테르:

4. 하나님의 거룩성은 우리에게 무엇을 가르쳐 주는 것일까요?

* 딤전 6:15-16: "하나님은 복되시고 유일하신 (   )이시며 만왕의 왕이시며 만 주의 주시요 오직 그에게만 죽지 아니함이 있고 가까이 가지 못할 (   )에 거하시고 어떤 사람도 보지 못하였고 또 볼 수 없는 이시니 그에게 (   )와 영원한 권능을 돌릴지어다"

5. 우리가 하나님의 영광을 위하여 기도드리는 본질적인 의미는 무엇입니까?

_____

_____

* 시 8:1: "여호와 우리 주여 주의 (   )이 온 땅에 어찌 그리 아름다운지요 주의 (   )이 하늘을 덮었나이다"

6. 하나님의 거룩하심과 영광을 위하여 기도하는 성도의 책임이 무엇입니까?

_____

_____

* 고전 10:31: "그런즉 너희가 먹든지 마시든지 무엇을 하든지 다 하나님의 (   )을 위하여 하라"

7. 하나님을 경외하며 영화롭게 할 수 있는 여러 구체적인 방법들에는 어떤 것들이 있을까요?.

(1) _____

(2) _____
(3) _____
(4) _____
(5) _____
(6) _____
(7) _____
(8) _____

8. 다음의 성경 구절을 찾아서 읽고 따라 써보면서 그 말씀의 의미를 묵상해 봅시다.
   (1) 사 45:5: _____
   (2) 행 2:21: _____
   (3) 삼상 15:22: _____
   _____
   (4) 고전 10:31: _____
   _____
   (5) 딤전 6:15-16: _____
   _____
   _____

- Soli Deo Gloria!-

Memo

제 35 과

주기도문(Ⅲ) _ 두 번째 간구

제102문 : 둘째 간구에서 우리가 기도하는 것이 무엇입니까?

답 : "나라이 임하옵시며"(새번역: 어버지의 나라가 오게 하시며)라는 둘째 간구에서 우리가 기도하는 것은 사단의 왕국이 파괴되는 것과, (   )의 왕국이 발전되어 우리들과 또 남들이 그리로 인도되어 그 안에 있게 되는 것과, (   )의 왕국이 하루 속히 임하는 것입니다.

* 《참조성구》 시 68:1-2; 마 6:33; 슥 14:20; 계 22:20

1. 우리가 기도해야할 두 번째 간구는 무엇입니까?

   _____

   _____

   * 눅 4:43-44: "예수께서 이르시되 내가 다른 동네들에서도 (   ) 복음을 전하여야 하리니 나는 이 일을 위해 보내심을 받았노라 하시고 갈릴리 여러 회당에서 (   )하시더라"

2. '천국' 또는 '하늘나라'(the Kingdom of Heaven)는 무엇을 의미하는 것입니까?

   _____

* 마 4:17: "이 때부터 예수께서 비로소 전파하여 이르시되 회개하라 (   )이 가까이 왔느니라 하시더라"
* 눅 17:20-21: "바리새인들이 하나님의 나라가 어느 때에 임하나이까 묻거늘 예수께서 대답하여 이르시되 (   )는 볼 수 있게 임하는 것이 아니요 또 여기 있다 저기 있다고도 못하니니 하나님의 나라는 (   ) 안에 있느니라"

3. '하나님의 나라' (the Kingdom of God)의 참된 의미는 무엇입니까?

   (1) _____

   _____

   * 시 145:13: "주의 나라는 (   )한 나라이니 주의 (   )는 대대에 이르리이다"
   * 롬 14:17: "하나님의 나라는 먹는 것과 마시는 것이 아니요 오직 (   ) 안에 있는 (   )와 평강과 (   )이라"

   (2) _____

   _____

   * 골 1:13: "그가 우리를 흑암의 (   )에서 건져내사 그의 사랑의 (   )의 나라로 옮기셨으니"
   * 마 7:21: "나더러 주여 주여 하는 자마다 다 (   )에 들어갈 것이 아니요 다만 하늘에 계신 내 아버지의 (   )대로 (   )하는 자라야 들어가리라"

4. 하나님의 나라와 관련하여 생각할 때 '구원의 의미'는 과연 무엇입니까?

   _____

   _____

* 벧전 2:9-10: "너희는 택하신 족속이요 왕 같은 (   )들이요 거룩한 (   )요 그의 소유가 된 백성이니 이는 너희를 어두운 데서 불러내어 그의 기이한 (   )에 들어가게 하신 이의 아름다운 덕을 (   )하게 하려 하심이라 너희가 전에는 백성이 아니더니 이제는 하나님의 (   )이요"

5. 하나님의 나라의 '현재성'(이미-여기; Here-and-Now)은 무엇을 말하는 것입니까?

_____

_____

* 마 12:28: "그러나 내가 하나님의 (   )을 힘입어 귀신을 쫓아내는 것이면 하나님의 나라가 (   ) 너희에게 임하였느니라"

6. 하나님의 나라의 '미래성'(아직 아님; Not-Yet)은 무엇을 말하는 것입니까?

_____

_____

* 마 25:31-34: "인자가 자기 (   )으로 모든 천사와 함께 올 때에 자기 (   )의 보좌에 앉으리니…그 때에 임금이 그 오른편에 있는 자들에게 이르시되 내 아버지께 (   ) 받을 자들이여 나아와 (   )로부터 너희를 위하여 예비된 (   )를 상속받으라"

7. 하나님의 나라가 임하기를 기도하는 것의 구원론적 차원의 의미는 무엇입니까?

_____

* 마 6:33: "너희는 먼저 그의 (   )와 그의 (   )를 구하라 그리하면 이 모든 것을 너희에게 더하리라"

8. 하나님의 나라가 임하기를 기도하는 것의 선교적 차원의 의미는 무엇입니까?

_____

_____

* 마 24:14: "이 천국 (   )이 모든 민족에게 증언되기 위하여 온 (   )에 전파되리니 그제야 끝이 오리라"

9. 하나님의 나라가 임하기를 기도하는 것의 종말론적 차원의 의미는 무엇입니까?

_____

_____

* 계 22: 20: "이것들을 증언하신 이가 이르시되 내가 진실로 (   ) 오리라 하시거늘 아멘 주 (   )여 오시옵소서"

10. 다음의 성경 구절을 찾아서 읽고 따라 써보면서 그 말씀의 의미를 묵상해 봅시다.

   (1) 마 6:33: _____

   (2) 롬 14:17: _____

(3) 마 24:14: _____

(4) 눅 17:20-21: _____

- *Soli Deo Gloria!* -

Memo

제 36 과

주기도문(IV) _ 세 번째 간구

제103문: 셋째 간구에서 우리가 기도하는 것이 무엇입니까?

답: "뜻이 하늘에서 이루어진 것같이 땅에서도 이루어지이다"(새번역: 아버지의 뜻이 하늘에서와 같이 땅에서도 이루어지게 하소서)라는 셋째 간구에서 우리가 기도하는 것은 하나님께서 그의 은혜로써 우리에게 능력과 (   )을 주셔서 천사들이 하늘에서 하는 것처럼 모든 일에 있어서 하나님의 (   )을 알고 그것에 (   )하도록 하여 달라는 것입니다.

* 《《참조성구》》 히 12:28; 시 119:35; 103:20-23; 단 7:10

1. 우리가 기도해야할 세 번째 간구는 무엇입니까?

   _____

   _____

2. 응답받는 기도의 원리는 무엇입니까?

   (1) _____

   _____

* 약 4:2: "너희가 얻지 못함은 (   ) 아니하기 때문이요"

(2) _____
   _____

* 약 4:3: "구하여도 받지 못함은 (   )으로 쓰려고 잘못 구하기 때문이라"

(3) _____
   _____

* 요일 5:14-15: "그를 향하여 우리가 가진 바 (   )이 이것이니 그의 (   ) 무엇을 구하면 들으심이라 우리가 무엇이든지 구하는 바를 들으시는 줄을 안즉 우리가 그에게 구한 그것을 (   )을 또한 아느니라"
* 엡 6:11: "모든 기도와 (   )를 하되 항상 (   ) 안에서 기도하고 이를 위하여 깨어 구하기를 항상 힘쓰며 여러 (   )를 위하여 구하라"

(4) _____
   _____

* 막 11:24: "그러므로 내가 너희에게 말하노니 무엇이든지 기도하고 구하는 것은 (   )로 믿으라 그리하면 너희에게 (   ) 되리라"
* 마 21:22: "너희가 기도할 때에 무엇이든지 (   ) 구하는 것은 다 (   ) 하시니라"

3. 기도는 왜, 무엇을 알기 위하여 하는 것입니까?

_____
_____

* 롬 12:2: "너희는 이 (   )를 본받지 말고 오직 마음을 (   ) 함으로 변화를 받아 하나님의 선하시고 기뻐하시고 온전하신 (   )이 무엇인지 (   )하도록 하라"

* 사 55:8-9: "이는 내 (　　)이 너희의 생각과 다르며 내 (　　)은 너희의 길과 다름
이니라 여호와의 말씀이니라 이는 하늘이 땅보다 높음 같이 내 길은
너희의 길보다 높으며 내 생각은 너희의 생각보다 (　　)이니라"

4. 우리가 하나님의 뜻을 알 수 있는 방법은 무엇입니까?

_____

* 계 3:20: "볼지어다 내가 문 밖에 서서 두드리노니 누구든지 내 (　　)을 듣고 문을
열면 내가 그에게로 들어가 그와 (　　) 먹고 그는 나와 더불어 먹으리라"

5. 기도의 진정한 능력은 무엇입니까?

_____

* 약 5:15-16: "(　　)의 기도는 병든 자를 (　　)하리니 주께서 그를 일으키시리라
혹시 죄를 범하였을지라도 (　　)을 받으리라 그러므로 너희 죄를
서로 (　　)하며 병이 낫기를 위하여 서로 기도하라 (　　)의 간구는
역사하는 힘이 크니라"

6. 하나님의 뜻의 세 가지 차원은 무엇입니까?

(1) 하나님의 영원한 작정 : _____

_____

* 시 33:11: "여호와의 (　　)은 영원히 서고 그의 (　　)은 대대에 이르리로다"
* 마 24:36-37: "그러나 그 날과 그 때는 (　　) 모르나니 하늘의 천사들도, 아들
도 모르고 오직 (　　)만 아시느니라 노아의 때와 같이 인자의
임함도 그러하리라"

(2) _____ : _____
_____

* 요 6:38-40: "내가 하늘에서 내려온 것은 (   )을 행하려 함이 아니요 나를
  (   )의 뜻을 행하려 함이니라 나를 보내신 이의 (   )은 내게
  주신 자 중에 내가 하나도 잃어버리지 아니하고 마지막 날에 다시
  살리는 이것이니라 내 (   )은 아들을 보고 믿는 자마다 영생
  을 얻는 이것이니 마지막 날에 내가 이를 다시 살리리라 하시니라"

(3) _____ : _____
_____

* 잠 3:5-6: "너는 마음을 다하여 여호와를 (   )하고 네 명철을 의지하지 말라 너
  는 (   )에 그를 (   )하라 그리하면 네 길을 지도하시리라"

7. 우리가 실제의 삶속에서 하나님의 뜻을 분별하는 방법은 무엇입니까?
   (1) _____
   (2) _____
   (3) _____
   (4) _____

8. 다음의 성경 구절을 찾아서 읽고 따라 써보면서 그 말씀의 의미를 묵상해 봅시다.
   (1) 빌 2:13: _____
   (2) 마 26:42: _____
   _____

- Soli Deo Gloria!-

Memo

제 37 과

주기도문(V) _ 네 번째 간구

제104문 : 넷째 간구에서 우리가 기도하는 것이 무엇입니까?

답 : "오늘 우리에게 (　　　)을 주시옵고"(새번역: 오늘 우리에게 일용할 양식을 주시고)라는 넷째 간구에서 우리가 기도하는 것은 하나님께서 거저 주시는 선물 가운데서 우리가 이 세상에서 좋은 것들을 충분히 받고 그것들과 아울러 하나님의 (　　)을 즐기는 것입니다.

* 《참조성구》 잠 30:-9, 10:22; 창 28:20-21; 딤전 4:4-5

1. 우리가 날마다 기도해야할 네 번째 간구는 무엇입니까?

2. 가장 중요한 기도의 원리는 무엇이라고 생각 하십니까?

* 마 6:33: "너희는 먼저 그의 (　　　)와 그의 (　　)를 구하라 그리하면 이 모든 것을 너희에게 더하시리라"

3. 주기도문에서 '우리를 위한 간구' 세 가지는 무엇입니까?

    (1) _____

    (2) _____

    (3) _____

4. 주기도문에서 가리키는 '일용할 양식'의 정확한 의미는 무엇입니까?

    _____

    _____

* 출 16:4: "그 때에 여호와께서 모세에게 이르시되 보라 내가 너희를 위하여 하늘에서 (　　)을 비 같이 내리리니 백성이 나가서 (　　)할 것을 날마다 거둘 것이라 이같이 하여 그들이 내 율법을 준행하나 아니하나 내가 시험하리라"

5. 주기도문에서 "오늘 우리에게 일용할 양식을 주옵시고"라고 간구하는 이유는 무엇입니까?

    (1) 물질에 대한 과도한 탐욕주의를 배격하는 것이다.

    _____

    _____

* 딤전 6:9-10: "부하려 하는 자들은 시험과 올무와 여러 가지 어리석고 해로운 (　　)에 떨어지나니 곧 사람으로 파멸과 멸망에 빠지게 하는 것이라 (　　)을 사랑함이 일만 악의 뿌리가 되나니 이것을 탐내는 자들은 미혹을 받아 믿음에서 떠나 많은 근심으로써 자기를 찔렀도다"

    (2) _____

    _____

* 신 8:18: "네 하나님 (　　)를 기억하라 그가 네게 (　　) 얻을 능력을 주셨음이라"
* 대하 1:12: "그러므로 내가 네게 (　　)와 지식을 주고 부와 (　　)과 영광도 주리니"

(3) _____

_____

_____

* 잠 30:8-9: "나를 가난하게도 마옵시고 부하게도 마옵시고 오직 (　　)으로 나를 먹이시옵소서 혹 내가 (　　) 하나님을 모른다 여호와가 누구냐 할까 하오며 혹 내가 (　　)하여 도둑질하고 내 하나님의 이름을 욕되게 할까 두려워함이니이다"(아굴의 기도)

(4) _____

_____

_____

* 잠 21:5-6: "부지런한 자의 경영은 (　　)에 이를 것이나 조급한 자는 (　　)에 이를 따름이니라 속이는 말로 재물을 모으는 것은 (　　)을 구하는 것이라 곧 불려다니는 안개니라"
* 살후 3:10: "누구든지 (　　)하기 싫어하거든 먹지도 말게 하라"

(5) _____

_____

_____

* 요일 3:17: "누가 이 세상의 재물을 가지고 형제의 (　　)함을 보고도 도와 줄 (　　)을 닫으면 하나님의 사랑이 어찌 그 속에 거하겠느냐"
* 딤전 6:17-19: "네가 이 세대에서 부한 자들을 명하여 (　　)을 높이지 말고 (　　)이 없는 재물에 소망을 두지 말고 오직 우리에게 모든 것을 후히 주사 누리게 하시는 하나님께 두며 선을 행하고 선한 (　　)을 많이

하고 나누어 주기를 좋아하며 너그러운 자가 되게 하라 이것이 장래에 자기를 위하여 (   )를 쌓아 참된 생명을 취하는 것이니라"

(6) _____

_____

_____

* 렘 17:7: "무릇 여호와를 의지하며 여호와를 (   )하는 그 사람은 (   )을 받을 것이라"
* 마 6:31-32: "그러므로 염려하여 이르기를 무엇을 (   ) 무엇을 마실까 무엇을 (   ) 하지 말라 이는 다 (   )들이 구하는 것이라 너희 하늘 아버지께서 이 모든 것이 너희에게 있어야 할 줄을 아시느니라"

7. 다음의 성경 구절을 찾아서 읽고 따라 써보면서 그 말씀의 의미를 묵상해 봅시다.

   (1) 빌 4:11-13: _____

   _____

   (2) 딤전 6:6-8: _____

   _____

- Soli Deo Gloria!-

Memo

제 38 과

주기도문(VI) _ 다섯 번째 간구

제105문 : 다섯째 간구에서 우리가 기도하는 것이 무엇입니까?

답 : "우리가 우리에게 (   )를 사하여 준 것같이 우리 (   )를 사하여 주시옵고"(새번역: 우리가 우리에게 잘못한 사람을 용서하여 준 것같이 우리 죄를 용서하여 주시고) 라는 다섯째 간구에서 기도하는 것은 하나님께서 (   )를 보시고 우리의 모든 죄를 거저 용서해 주옵소서 하는 것입니다. 그의 (   )에 의해서 우리가 진심으로 남들을 (   )할 수 있게 되었기에 우리가 격려를 받아 이런 간구를 하게 된 것입니다.

* 《참조성구》 눅 11:4 마 18:35; 행 7:60; 롬 3:24-25

1. 우리가 날마다 기도해야할 다섯 번째 간구는 무엇입니까?

   _____

   _____

   * 사 1:18: "여호와께서 말씀하시되 오라 우리가 서로 (   )하자 너희의 (   )가 주홍 같을지라도 (   )과 같이 희어질 것이요 진홍 같이 붉을지라도 (   ) 같이 희게 되리라"

2. 주기도문의 원문에서 '죄'를 '빚'으로 표현한 것에서 드러나는 중요한 의미는 무엇이라고 생각하십니까?

_____

_____

* 마 6:12: "우리가 우리에게 죄 지은 자를 사하여 준 것 같이 우리 (　　)를 사하여 주시옵고"
 ⇨ 〈헬라어 원문〉 "우리가 우리에게 빚진 자들(ὀφειλέταις)을 사하여 준 것 같이 우리 (　　)들(ὀφειλήματα)을 사하여 주시옵고"

3. 성도들은 이미 예수 그리스도를 믿음으로 값없이 '칭의'(의롭다 하심)의 은혜를 입었는데 왜 매일의 삶 속에서 죄의 고백과 회개가 필요합니까?

_____

_____

* 롬 7:19-23: "내가 원하는 바 (　　)은 행하지 아니하고 도리어 원하지 아니하는 바 (　　)을 행하는도다 만일 내가 원하지 아니하는 그것을 하면 이를 행하는 자는 내가 아니요 내 속에 거하는 (　　)니라 그러므로 내가 한 법을 깨달았노니 곧 선을 행하기 원하는 나에게 (　　)이 함께 있는 것이로다 내 속사람으로는 (　　)을 즐거워하되 내 지체 속에서 한 다른 법이 내 마음의 법과 싸워 내 지체 속에 있는 (　　)으로 나를 사로잡는 것을 보는도다"

4. 주기도문에서 "우리가 우리에게 잘못한 사람을 용서하여 준 것같이"라고 기도하는 이유와 그 의미가 무엇입니까?

_____

_____

* 마 6:14-15: "너희가 사람의 (   )을 용서하면 너희 하늘 아버지께서도 너희 잘못을 용서하시려니와 너희가 사람의 잘못을 (   )하지 아니하면 너희 아버지께서도 너희 잘못을 용서하지 아니하시리라"

5. 주기도문의 다섯 번째 간구의 참된 의미를 "죄를 용서하지 않는 악한 종의 비유"를 통해 가르쳐 주는 가장 중요한 의미는 무엇이라고 생각하십니까?

_____

_____

* 마 18:32-35: "이에 주인이 그를 불러다가 말하되 악한 종아 네가 빌기에 내가 네 (   )을 전부 탕감하여 주었거늘 내가 너를 불쌍히 여김과 같이 너도 네 동료를 (   ) 여김이 마땅하지 아니하냐 하고 주인이 노하여 그 빚을 다 갚도록 그를 옥졸들에게 넘기니라 너희가 각각 마음으로부터 형제를 (   )하지 아니하면 나의 하늘 아버지께서도 너희에게 이와 같이 하시리라"

6. 우리는 우리의 이웃의 잘못에 대하여 얼마나 용서해야 할까요?

_____

* 마 18:21-22: "그 때에 베드로가 나아와 이르되 주여 형제가 내게 죄를 범하면 몇 번이나 용서하여 주리이까 (   )까지 하오리이까 예수께서 이르시되 네게 이르노니 일곱 번뿐 아니라 일곱 번을 (   )까지라도 할지니라"

7. 성경에서 가르치는 '진정한 용서'의 의미는 무엇인가요?

_____

_____

* 눅 6:35: "오직 너희는 원수를 (   )하고 (   )하며 아무 것도 바라지 말고 꾸어 주라 그리하면 너희 상이 클 것이요 또 지극히 높으신 이의 (   )이 되리니 그는 은혜를 모르는 자와 악한 자에게도 (   )하시니라"

8. 성경은 심지어 "네 원수까지도 사랑하라"고 말씀하는데, 원수를 사랑하는 구체적인 원리와 방법은 무엇입니까?

(1) _____

* 잠 24:17-18: "네 원수가 넘어질 때에 (   )하지 말며 그가 엎드러질 때에 마음에 (   ) 말라 여호와께서 이것을 보시고 기뻐하지 아니하사 그의 (   )를 그에게서 옮기실까 두려우니라"

(2) _____

* 마 5:44: "너희 원수를 (   )하며 너희를 박해하는 자를 위하여 (   )하라"

(3) _____

* 출 23:4-5: "네가 만일 네 (   )의 길 잃은 소나 나귀를 보거든 반드시 그 사람에게로 (   ) 네가 만일 너를 (   )의 나귀가 짐을 싣고 엎드러짐을 보거든 그것을 버려두지 말고 그것을 (   ) 그 짐을 부릴지니라"

9. 다음의 성경 구절을 찾아서 읽고 따라 써보면서 그 말씀의 의미를 묵상해 봅시다.

(1) 롬 5:8: _____

(2) 롬 12:20-21: _____

- Soli Deo Gloria!-

Memo

제 39 과

주기도문(VII) _ 여섯 번째 간구와 송영

제106문 : 여섯째 간구에서 우리가 기도하는 것이 무엇입니까?

답 : "우리를 (   )에 들게 하지 마옵시고, 다만 (   )에서 구하시옵소서"(새번역: 우리를 시험에 빠지지 않게 하시고 악에서 구하소서)라는 여섯째 간구에서 우리가 기도하는 것은 우리가 (   )을 당하려고 할 때 하나님께서 우리를 막아 죄를 짓지 않도록 하시거나, 우리가 이미 유혹을 당할 때에는 우리를 붙들어 (   )해 주옵소서 하는 것입니다.

* 《참조성구》 마 26:41; 시 51:10-12; 살전 5:23; 고전 10:13

제107문 : 주님의 기도의 맺는 말이 우리에게 가르치는 것은 무엇입니까?

답 : 주님의 기도의 맺는 말, 곧 "나라와 (   )과 (   )이 아버지의 것입니다. 아멘"이 우리에게 가르치는 것은 우리가 오직 하나님께로부터만 기도의 용기를 얻을 것과 우리의 기도에 있어서 왕국과 능력과 영광을 하나님께 돌리며 그를 (   )해야 한다는 것입니다. 우리의 소원을 아뢰며 그것을 하나님께서 들어 주시리라고 (   )하면서 우리가 "아멘"하고 말하는 것입니다.

* 《참조성구》 신 32:43; 시 104:24; 대상 29:10-13; 롬 11:36; 고전 14:16; 계 22:20-21

1. 우리가 날마다 기도해야할 여섯 번째 간구는 무엇입니까?
   _____

2. 우리에게 주어지는 시험(페이라스몬, $\pi\epsilon\iota\rho\alpha\sigma\mu o\nu$)은 어떻게 구분할 수 있습니까?
   (1) _____
   (2) _____

   * 약 1:13: "사람이 (   )을 받을 때에 내가 하나님께 시험을 받는다 하지 말지니 하나님은 (   )에게 시험을 받지도 아니하시고 (   ) 아무도 시험하지 아니하시느니라"

3. 좋으시고 선하신 하나님께서 도대체 왜 우리에게 시험을 허락하십니까?
   _____
   _____

   * 벧전 1:6-7: "그러므로 너희가 이제 여러 가지 시험으로 말미암아 잠깐 (   )하게 되지 않을 수 없으나 오히려 크게 (   )하는도다 너희 믿음의 확실함은 (   )로 연단하여도 없어질 금보다 더 귀하여 예수 그리스도께서 나타나실 때에 (   )과 (   )과 존귀를 얻게 할 것이니라"
   * 욥 23:10: "나의 가는 길을 오직 그가 아시나니 그가 나를 (   )하신 후에는 내가 (   ) 같이 나오리라"

4. 사탄은 왜 우리에게 시험을 주며, 또한 사탄으로부터 오는 시험의 특징이 무엇입니까?

* 벧전 5:8: "근신하라 (   ) 너희 대적 마귀가 우는 (   ) 같이 두루 다니며 삼킬 자를 찾나니"
* 고후 11:14-15: "이것은 이상한 일이 아니니라 사탄도 자기를 광명의 (   )로 가장하나니 그러므로 (   )의 일꾼들도 자기를 (   )의 일꾼으로 가장하는 것이 또한 대단한 일이 아니니라 그들의 마지막은 그 행위대로 되리라"

5. 우리가 어떻게 사탄의 간계와 유혹에 빠지지 않고, 악에 대적하여 이길 수 있습니까?

   (1) 먼저 사탄의 '유혹'에 빠질만한 요인을 제거하는 것이다.

   * 약 1:14-15: "오직 각 사람이 시험을 받는 것은 자기 (   )에 끌려 (   )됨이니 욕심이 잉태한즉 (   )를 낳고 죄가 장성한즉 (   )을 낳느니라"

   (2) _____

   * 마 26:41: "시험에 들지 않게 깨어 (   )하라 마음에는 원이로되 육신이 약하도다 하시고"
   * 엡 6:10, 18: "너희가 주 안에서와 그 힘의 (   )으로 강건하여지고 마귀의 간계를 능히 (   )하기 위하여 하나님의 (   )를 입으라 … 모든 기도와 (   )를 하되 항상 성령 안에서 기도하고 이를 위하여 깨어 구하기를 항상 힘쓰며 여러 성도를 위하여 구하라"

(3) _____

* 벧전 5:8-9: "( )하라 깨어라 너희 대적 마귀가 우는 사자 같이 두루 다니며 삼킬 자를 찾나니 너희는 ( )을 굳건하게 하여 그를 ( )하라 이는 세상에 있는 너희 형제들도 동일한 ( )을 당하는 줄을 앎이라"

(4) _____

* 갈 5:16-17: "내가 이르노니 너희는 ( )을 따라 행하라 그리하면 ( )의 욕심을 이루지 아니하리라 육체의 소욕은 ( )을 거스르고 성령은 ( )를 거스르나니 이 둘이 서로 대적함으로 너희가 원하는 것을 하지 못하게 하려 함이니라"

6. 우리의 기도가 항상 송영으로 끝나야 하는 이유가 무엇입니까?

_____
_____

* 계 4:11: "우리 주 하나님이여 영광과 ( )와 ( )을 받으시는 것이 합당하오니 주께서 만물을 지으신지라 만물이 주의 ( ) 있었고 또 지으심을 받았나이다 하더라"

7. 우리가 '아멘!'으로 기도를 마치는 것에는 어떠한 의미가 있습니까?

(1) _____
(2) _____

(3) _____

8. 다음의 성경 구절을 찾아서 읽고 따라 써보면서 그 말씀의 의미를 묵상해 봅시다.

   (1) 고전 10:13: _____

   (2) 약 1:12: _____

- Soli Deo Gloria!-

Memo

제 40 과

십계명(I) _ 서문

제39문 : 하나님께서 사람에게 요구하시는 의무가 무엇입니까?

답 : 하나님께서 사람에게 요구하시는 의무는 그의 계시된 (   )에 (   ) 하는 일입니다.

* 《참조성구》 신 29:26; 마 28:20; 미 6:8

제40문 : 하나님께서 사람의 복종의 법으로 처음 계시하신 것이 무엇입니까?

답 : 하나님께서 사람에게 (   )의 법으로 처음 계시하신 것은 (   )법 이었습니다.

* 《참조성구》 롬 2:14-15; 10:5; 창 2:17

제41문 : 이 도덕법이 요약되어 담겨있는 곳이 어디입니까?

답 : 그 도덕법은 (   ) 속에 담겨 있습니다.

* 《참조성구》 출 20:3, 17; 마 19:17-19

제42문 : 십계명의 요지는 무엇입니까?

답 : 십계명의 요지는 우리의 온 마음과 온 (   )과 온 힘과 온 (   ) 을 다하여 주 우리 하나님을 사랑하고, 또 (   )을 우리 자신처럼 (   )하라는 것입니다.

* 《참조성구》 마 22:37-40; 신 6:5

제43문 : 십계명의 서문은 어떤 것입니까?

답 : 십계명의 서문은 이러합니다. "나는 너를 애굽 땅, 종 되었던 집에서 인도하여 낸 너의 (　　　　)로라"입니다.

* 《참조성구》 출 20:2; 신 6:1-7

제44문 : 십계명의 서문이 우리에게 가르치는 것이 무엇입니까?

답 : 십계명의 서문이 우리에게 가르치는 것은 하나님은 (　　)이시며, 또 우리 하나님이시요 (　　)이시므로 우리는 그의 모든 계명을 (　　) 한다는 것입니다.

* 《참조성구》 엡 1:2; 롬 3:29; 사 43:11; 레 18:30; 신 11:1

1. 하나님의 백성인 그리스도인에게 있어 십계명은 무엇입니까?

   _____

   * 레 11:45: "나는 너희의 (　　)이 되려고 너희를 애굽 땅에서 (　　)하여 낸 여호와라 내가 거룩하니 너희도 (　　)할지어다"

2. 하나님께서는 은혜로 구원하신 그의 백성들에게 왜 율법을 주셨습니까?

   _____
   _____

   * 신 6:24-25: "여호와께서 우리에게 이 모든 (　　)를 지키라 명령하셨으니 이는 우리가 우리 하나님 여호와를 (　　)하여 항상 (　　)을 누리게 하기 위하심이며 또 여호와께서 우리를 오늘과 같이 (　　) 하려 하심이라 우리가 그 명령하신 대로 이 모든 (　　)을 우리 하나님 (　　) 앞에서 삼가 지키면 그것이 곧 우리의 (　　)이니라 할지니라"

3. 예수님께서는 율법을 어떻게 이해하셨습니까?

　　* 마 5:17-20: "내가 (　　)이나 선지자를 (　　)하러 온 줄로 생각하지 말라 폐하러 온 것이 아니요 (　　)하게 하려 함이라 진실로 너희에게 이르노니 천지가 없어지기 전에는 (　　)의 일점 일획도 결코 없어지지 아니하고 다 (　　)리라"

4. 우리는 어떻게 하나님의 거룩한 율법을 이룰 수 있습니까?

　　* 겔 36:26-27: "또 새 (　　)을 너희 속에 두고 새 (　　)을 너희에게 주되 너희 육신에서 굳은 마음을 제거하고 부드러운 마음을 줄 것이며 또 내 영을 너희 속에 두어 너희로 내 (　　)를 행하게 하리니 너희가 내 (　　)를 지켜 행할지라"

5. 전통적으로 하나님께서 주신 율법은 3가지로 분류합니다. 각각을 말하고 간단히 설명하여 보십시요.

　　(1) 도덕법 (Moral Law): _____

　　(2) _____ : _____

　　(3) _____ : _____

6. 율법의 3가지 용법은 무엇입니까? 각각에 대하여 간단히 설명하여 보십시오.

   (1) 사회적/정치적 용도(Usus Politicus): _____

   (2) _____ : _____

   (3) _____ : _____

7. 십계명의 본문은 구약성경 어디에 주어져 있습니까?

   (1) _____

   (2) _____

8. 십계명을 두 부분으로 나눌 때, 각각을 어떻게 나눌 수 있습니까?

   (1) _____

   (2) _____

9. 십계명이 서문에서 우리에게 분명하게 가르쳐 주는 사실들은 무엇입니까?

(1) _____ : _____

(2) _____ : _____

(3) _____ : _____

10. 다음의 성경 구절을 찾아서 읽고 따라 써보면서 그 말씀의 의미를 묵상해 봅시다.

   (1) 마 22:37-40: _____

   (2) 롬 8:8-10: _____

- Soli Deo Gloria! -

Memo

제 41 과
십계명(Ⅱ) _ 제 1 계명

제45문 : 첫째 계명이 무엇입니까?

답 : 첫째 계명은 "너는 나 외에는 (   )들을 네게 두지 말라" 하는 것입니다.

* 《참조성구》 출 20:3

제46문 : 첫째 계명에서 요구하는 것은 무엇입니까?

답 : 첫째 계명에서 우리에게 요구하는 것은 하나님을 (   )하신 참 하나님과 (   ) 하나님으로 알고 인정하며, 그럼으로써 그를 예배하고 (   ) 하는 것입니다.

* 《참조성구》 사 43:10; 렘 32:37; 마 4:10

제47문 : 첫째 계명에서 금하는 것은 무엇입니까?

답 : 첫째 계명에서 금하는 것은 (   ) 하나님이시며 또 우리 하나님이신 것을 (   )하거나, 그를 예배하며 영화롭게 하지 않는 것이며, 또한 하나님께만 드려야 할 예배와   (   )을 다른 신에게 드리는 것입니다.

* 《참조성구》 시 14:1; 렘 2:27-28; 단 5:23; 신 8:8-18

제48문 : 첫째 계명에 있는 '나 외에' 라는 말이 우리에게 가르치는 것은 무엇입니까?

답 : 첫째 계명에 있는 '나 외에'라는 말이 우리에게 특별히 가르치는 것은, 모든 것을 보시는 하나님께서 (   )들을 섬기는 죄를 주목하시며, 또 그것을 매우 불쾌하게 여기신다는 것입니다.

* 《참조성구》 시 44:20-21; 대상 28:9

1. 제1계명이 우리에게 가르치는 가장 중요한 사실은 무엇입니까?

   _____

   * 출 20:3: "너는 나 외에 (   )들을 네게 있게 말지니라"
   * 사 44:6: "이스라엘의 (   )인 여호와, 이스라엘의 (   )인 만군의 여호와가 이같이 말하노라 나는 (   )이요 나는 (   )이라 나 외에 다른 신이 없느니라"
   * 사 45:5-6: "나는 여호와라 나 외에 (   )가 없나니 나 밖에 신이 없느니라 … 해 뜨는 곳에서든지 지는 곳에서든지 나 밖에 다른 이가 없는 줄을 알게 하리라 나는 (   )라 다른 이가 없느니라"

2. 성경은 하나님의 존재하심에 대하여 어떻게 하고 있습니까?

   _____

   _____

   * 롬 1:20: "(   )로부터 그의 보이지 아니하는 것들 곧 그의 영원하신 능력과 (   )이 그가 만드신 (   )에 분명히 보여 알려졌나니 그러므로 그들이 (   )하지 못할지니라"

3. 왜 오직 여호와 하나님만이 참된 신(God)이십니까? 다른 우상들과 극명하게 다른 점이 무엇입니까?

   _____

* 렘 10:10: "오직 여호와는 (   ) 하나님이시요 (   ) 하나님이시요 영원한 왕이시라"
* 시 115:4-8: "그들의 우상들은 은과 금이요 사람이 (   )으로 만든 것이라 입이 있어도 말하지 못하며 눈이 있어도 보지 못하며 귀가 있어도 듣지 못하며 코가 있어도 냄새 맡지 못하며 손이 있어도 만지지 못하며 발이 있어도 걷지 못하며 목구멍이 있어도 작은 소리조차 내지 못하느니라 (   )들을 만드는 자들과 그것을 의지하는 자들이 다 그와 같으리로다"

4. 성경에서 스스로를 계신하신 하나님에 대한 기독교의 유일 독특한 신(God) 이해는 무엇입니까?

___

___

* 마 28:19-20: "그러므로 너희는 가서 모든 족속으로 제자를 삼아 (   )와 (   )과 (   )의 이름으로 세례를 주고 내가 너희에게 분부한 모든 것을 가르쳐 지키게 하라"
* 고후 13:13: "주 예수 그리스도의 (   )와 하나님의 (   )과 성령의 (   )하심이 너희 무리와 함께 있을찌어다"

5. 성경에서 하나님을 '질투의 하나님' 이라고 말하는 것의 의미는 무엇입니까?

___

___

* 출 34:13-14: "너희는 도리어 그들의 제단들을 헐고 그들의 주상을 깨뜨리고 그들의 아세라 상을 찍을지어다 너는 다른 신에게 절하지 말라 여호

와는 (　　)라 이름하는 질투의 하나님임이니라"
* 신 4:23-24: "너희는 스스로 삼가 너희의 하나님 여호와께서 너희와 세우신
(　　)을 잊지 말고 네 하나님 여호와께서 금하신 어떤 형상의
(　　)도 조각하지 말라 네 하나님 여호와는 소멸하는 (　　)이시요
(　　)하시는 하나님이시니라"

6. 왜 오직 성경의 하나님, 삼위일체 하나님만이 우리의 예배의 대상이 되시는가?

(1) _____

_____

* 느 9:6: "오직 주는 (　　　)시라 하늘과 하늘들의 하늘과 일월 성신과 땅과 땅 위의 만물과 바다와 그 가운데 모든 것을 지으시고 다 보존하시오니 모든 (　　)이 주께 경배하나이다"

(2) _____

_____

* 사 43:11-12: "나 곧 나는 여호와라 나 외에 (　　)가 없느니라 내가 고하였으며 구원하였으며 보였고 너희 중에 다른 신이 없나니 그러므로 너희는 나의 (　　)이요 나는 하나님이니라 (　　)의 말이니라"

7. 창조 사역에서 삼위 하나님께서 어떻게 공역하셨습니까?

(1) 성부 하나님: _____

_____

(2) _____ : _____

_____

(3) _____ : _____

8. 구원 사역에서 삼위 하나님께서 어떻게 공역하셨습니까?

   (1) _____ : _____

   (2) _____ : _____

   (3) _____ : _____

9. 다음의 성경 구절을 찾아서 읽고 따라 써보면서 그 말씀의 의미를 묵상해 봅시다.

   (1) 딤전 2:5: _____

   (2) 사 45:21: _____

- Soli Deo Gloria!-

Memo

제 42 과

십계명(Ⅲ) _ 제 2 계명

제49문 : 둘째 계명은 무엇입니까?

답 : 둘째 계명은 "너를 위하여 새긴 (   )을 만들지 말고 또 위로 (   )에 있는 것이나 아래로 (   )에 있는 것이나 땅 아래 (   ) 속에 있는 것의 어떤 (   )도 만들지 말며 그것들에게 (   )하지 말며 그것들을 섬기지 말라" 하는 것입니다.

* 《참조성구》 출 20:4-6

제50문 : 둘째 계명에서 요구하는 것은 무엇입니까?

답 : 둘째 계명에서 요구하는 것은 하나님께서 그의 (   ) 가운데에서 지정하신 모든 종교적 (   )와 법령을 순수하게, 그리고 전부 받아들이고 (   )하고 지키는 것입니다.

* 《참조성구》 신 32:46; 요 4:24; 고전 15:34; 딤전 6:13-14

제51문 : 둘째 계명에서 금하는 것은 무엇입니까?

답 : 둘째 계명에서 금하는 것은 (   )을 통하거나 하나님의 말씀에 지정되어 있지 않은 어떤 (   )에 의하여 하나님께 (   ) 드리는 일입니다.

* 《참조성구》 신 13:6-8; 신 4:15-16; 삼하 6:7; 레 10:1

제52문 : 둘째 계명에 첨부된 이유들은 무엇입니까?

답 : 둘째 계명에 첨부된 이유들은 우리에 대한 하나님의 (   )과 그의
         (   )과 그가 받으시는 (   )에 대한 그의 열의입니다.
* 《참조성구》 계 15:3-4; 롬 1:6; 출 34:14

1. 제2계명이 우리에게 가르치는 가장 중요한 사실은 무엇입니까?

   _____

   _____

   * 출 20:4-6: "너를 위하여 새긴 (   )을 만들지 말고 또 위로 하늘에 있는 것이나
     아래로 땅에 있는 것이나 땅 아래 물 속에 있는 것의 어떤 (   )도 만
     들지 말며 그것들에게 (   )하지 말며 그것들을 섬기지 말라 나 네 하
     나님 여호와는 (   )하는 하나님인즉 나를 (   )하는 자의 죄를 갚되
     아버지로부터 아들에게로 삼사 대까지 이르게 하거니와 나를 (   )
     하고 내 계명을 지키는 자에게는 천 대까지 은혜를 베푸느니라"

2. 하나님께서 영(the Spirit)이라는 말의 의미는 무엇입니까?

   _____

   _____

   * 요 4:24: "하나님은 (   )이시니 예배하는 자가 (   )과 (   )로 예배할지니라"

3. 왜 하나님께서는 어떤 형상으로도 신상이나 우상을 만들지 말라고 하
   십니까?

   _____

   _____

   * 신 4:15-19: "여호와께서 호렙 산 (   ) 중에서 너희에게 말씀하시던 날에 너희가

어떤 (   )도 보지 못하였은즉 너희는 깊이 삼가라 그리하여 스스로 (   )하여 자기를 위해 어떤 형상대로든지 (   )을 새겨 만들지 말라 남자의 형상이든지, 여자의 형상이든지, 땅 위에 있는 어떤 짐승의 형상이든지, 하늘을 나는 날개 가진 어떤 새의 형상이든지, 땅 위에 기는 어떤 곤충의 형상이든지, 땅 아래 물 속에 있는 어떤 어족의 형상이든지 만들지 말라 또 그리하여 네가 하늘을 향하여 눈을 들어 해와 달과 별들, 하늘 위의 모든 천체 곧 너희의 하나님 여호와께서 천하 만민을 위하여 배정하신 것을 보고 미혹하여 그것에 (   )하며 섬기지 말라"

4. 눈에 보이는 우상도 있지만, 눈에 보이지 않는 진정한 의미에 있어 우리의 우상은 무엇입니까?

   (1) _____

   * 렘 17:5-7: "여호와께서 이와 같이 말씀하시니라 무릇 (   )을 믿으며 육신으로 그의 (   )을 삼고 (   )이 여호와에게서 떠난 그 사람은 저주를 받을 것이라 … 그러나 무릇 여호와를 (   )하며 여호와를 (   )하는 그 사람은 복을 받을 것이라"

   (2) _____

   * 요일 2:15-17: "이 세상이나 세상에 있는 것들을 (   )하지 말라 누구든지 세상을 (   )하면 아버지의 (   )이 그 안에 있지 아니하니 이는 세상에 있는 모든 것이 육신의 정욕과 안목의 정욕과 이생의 자랑이니 다 아버지께로부터 온 것이 아니요 (   )으로부터 온 것이라 이 세상도, 그 정욕도 지나가되 오직 하나님의 (   )을 행하는 자는 영원히 거하느니라"

5. 현대인들에게 우상노릇하고 있는 것들은 무엇일까요? 구체적인 예를 들어 봅시다.

_____

_____

_____

6. 참 살아계신 하나님, 곧 삼위일체 하나님을 예배하는 참된 방법은 무엇입니까?

   (1) _____

   (2) _____

   (3) _____

   (4) _____

   (5) _____

7. 다음의 성경 구절을 찾아서 읽고 따라 써보면서 그 말씀의 의미를 묵상해 봅시다.

   (1) 신 6:4-5: _____

   (2) 출 20:22-24: _____

(3) 요 4:23-24: _____

_____

- Soli Deo Gloria! -

Memo

제 43 과

십계명(IV) _ 제 3 계명

제53문 : 셋째 계명은 무엇입니까?

답 : 셋째 계명은 "너는 네 하나님 여호와의 (   )을 망령되게 부르지 말라 여호와는 그의 이름을 (   )되게 부르는 자를 (   ) 없다 하지 아니하리라"입니다.

* 《참조성구》 출 20:7

제54문 : 셋째 계명에서 요구하는 것은 무엇입니까?

답 : 셋째 계명에서 요구하는 것은 하나님의 (   )과 칭호와 (   )과 법령과 (   )과 사역을 (   )하게, 그리고 존경심을 가지고 사용하는 것입니다.

* 《참조성구》 히 12:28-29; 계 15:3-4; 말 1:6-10

제55문 : 셋째 계명에서 금하는 것은 무엇입니까?

답 : 셋째 계명에서 금하는 것은 하나님께서 자기를 알게 하시는데 쓰시는 것은 어떤 것이라도 그것을 (   )하거나 (   )하는 것입니다.

* 《참조성구》 출 5:2; 막 7:11; 말 2:2

제56문 : 셋째 계명에 첨부된 이유는 무엇입니까?

답 : 셋째 계명에 첨부된 이유는 이 계명을 어기는 자들이 어떻게 해서든지 사람들에게서 (   )을 피한다 하더라도 주 우리 하나님은 그들

이 그의 의로운 (　　)을 피하도록 버려두시지 않으리라는 것입니다.
* 《참조성구》 삼상 2:12; 히 4:13

1. 제3계명이 우리에게 가르치는 가장 중요한 사실은 무엇입니까?
___
___

* 출 20:7: "너는 네 하나님 여호와의 이름을 (　　)되게 부르지 말라 여호와는 그의
  (　　)을 망령되게 부르는 자를 죄 없다 하지 아니하리라"

2. 하나님의 '성호'(쉠)는 무엇을 의미하는 것입니까? 우리는 왜 하나님의 성호를 부르며, 찬양해야 합니까?
___
___

* 행 2:21: "누구든지 주의 (　　)을 부르는 자는 (　　)을 받으리라 하였느니라"
* 시 5:11: "주의 이름을 (　　)하는 자들은 주를 즐거워하리이다"
* 시 8:1: "여호와 우리 주여 주의 (　　)이 온 땅에 어찌 그리 아름다운지요 주의
  (　　)이 하늘을 덮었나이다"

3. 하나님의 특별한 성호인 '여호와'(야웨, YWHW)의 뜻은 무엇이며, 무엇을 의미하는 것입니까?
___
___

* 사 45:5: "나는 (　　)라 나 외에 다른 이가 없나니 나 밖에 (　　)이 없느니라"
* 출 3:14-15: "하나님이 모세에게 이르시되 나는 (　　) 있는 자이니라 또 이르시되

너는 이스라엘 자손에게 이같이 이르기를 스스로 있는 자가 나를 너희에게 보내셨다 하라 하나님이 또 모세에게 이르시되 너는 이스라엘 자손에게 이같이 이르기를 너희 조상의 하나님 여호와 곧 아브라함의 하나님, 이삭의 하나님, 야곱의 하나님께서 나를 너희에게 보내셨다 하라 이는 나의 영원한 (   )이요 대대로 기억할 나의 (   )니라"

4. 진정으로 하나님을 경외하는 것은 어떻게 하는 것입니까?

_____

_____

* 신 10:12-13: "이스라엘아 네 하나님 여호와께서 네게 (   )하시는 것이 무엇이냐 곧 네 하나님 여호와를 (   )하여 그의 모든 (   )를 행하고 그를 사랑하며 마음을 다하고 뜻을 다하여 네 하나님 여호와를 섬기고 내가 오늘 네 (   )을 위하여 네게 명하는 여호와의 (   )과 규례를 지킬 것이 아니냐"

5. "하나님의 이름을 망령되이 일컫지 말라"는 것은 구체적으로 어떻게 하는 것을 말하는 것입니까?

(1) _____

_____

(2) _____

_____

(3) _____

_____

6. 제3계명을 범하는 구체적인 경우들에는 어떤 것들이 있습니까?

   (1) _____

   (2) _____

   (3) _____

   (4) _____

7. 여호와 하나님의 이름을 망령되이 일컫는 자의 죄의 결과는 어떠합니까?

   _____

   _____

   * 레 24:15-16: "너는 이스라엘 자손에게 말하여 이르라 누구든지 그의 하나님을 (　　)하면 죄를 담당할 것이요 여호와의 이름을 (　　)하면 그를 반드시 죽일지니 온 회중이 (　　)로 그를 칠 것이니라 거류민이든지 본토인이든지 여호와의 이름을 (　　)하면 그를 죽일지니라"

8. 다음의 성경 구절을 찾아서 읽고 따라 써보면서 그 말씀의 의미를 묵상해 봅시다.

   (1) 시 99:3: _____

   (2) 잠 9:10: _____

(3) 시 113:1-4: _____

_____

(4) 출 20:7: _____

_____

(5) 요 4:23-24: _____

_____

- Soli Deo Gloria!-

Memo

제 44 과

십계명(V) _ 제 4 계명

제57문 : 넷째 계명은 무엇입니까?

답 : 넷째 계명은 "(   )을 기억하여 (   )하게 지키라 (   ) 동안은 힘써 네 모든 일을 행할 것이나 (   ) 날은 네 하나님 여호와의 안식일인즉 너나 네 아들이나 네 딸이나 네 남종이나 네 여종이나 네 가축이나 네 문안에 머무는 객이라도 아무 일도 하지 말라 이는 엿새 동안에 나 여호와가 하늘과 땅과 바다와 그 가운데 모든 것을 만들고 일곱째 날에 (   )이라 그러므로 나 여호와가 안식일을 (   )되게 하여 그 날을 거룩하게 하였느니라"입니다.

* 《참조성구》 출 20:8-11

제58문 : 넷째 계명에서 요구하는 것은 무엇입니까?

답 : 넷째 계명에서 요구하는 것은 하나님께서 그의 말씀으로 지정하신 바와 같은 그러한 일정한 때들을 하나님 앞에서 (   )하게 지키고 특별히 이레 중 한 날을 온전히 하나님의 거룩한 (   )로 삼으라는 것입니다.

* 《참조성구》 창 2:3; 출 16:25-29; 신 5:12; 사 56:2

제59문 : 이레 중 어느 날을 하나님께서 정하셔서 매주간에 안식일을 삼으셨습니까?

답 : 세상 처음부터 그리스도의 부활까지 하나님께서 한주간의 (   )

을 정하여 매주간의 안식일을 삼으셨으며 그 후부터 세상 마지막까지는 한 주간의 (   )을 안식일로 삼으셨습니다. 이 날은 (   )의 안식일입니다.

* 《참조성구》 창 2:3; 눅 23:56; 고전 16:1-2; 마 12:8; 행 20:7; 요 20:19-26

제60문 : 안식일을 거룩하게 하는 방법이 무엇입니까?

답 : 안식일을 거룩하게 하려면 다른 날에 할 수 있는 모든 세상의 업무와 오락까지도 끊고, 그 날을 (   ) 거룩하게 쉬며, 공적으로나 사적으로 하나님께 (   )를 드리는 일로 그 모든 시간을 보내야 합니다. 다만 (   )한 일이나 (   )를 베푸는 일에 들여야 할 시간만큼은 예외입니다.

* 《참조성구》 렘 17:21-22; 사 58:13-14; 마 12:1-14; 출 31:12-17; 출 20:8-10

제61문 : 넷째 계명에서 금하는 것은 무엇입니까?

답 : 넷째 계명에서 금하는 것은 필요로 하는 의무들을 생략하거나 소홀히 이행하는 일과 게으름으로써, 또는 본질적으로 (   )가 되는 일을 행하거나 우리의 세상 업무나 (   )에 관하여 필요치 않은 생각이나 말이나 일을 함으로써 그날을 (   ) 일입니다.

* 《참조성구》 겔 22:26; 겔 23:38; 말 1:13; 사 58:13

제62문 : 넷째 계명에 첨부된 이유들은 무엇입니까?

답 : 넷째 계명에 첨부된 이유들은 하나님께서 우리자신의 업무를 위하여 한 주간 중 엿새를 우리에게 허락하신 일과 그가 일곱째 날에 대한 특별한 (   )을 요구하시는 일과 자기 자신이 보이신 본보기와 그가 안식일을 (   )하신 일입니다.

* 《참조성구》 출 30:9-17; 출 20:11; 레 23:3

1. 제4계명이 우리에게 가르치는 가장 중요한 사실은 무엇입니까?

   _____

   _____

   * 출 20:8-11: "안식일을 (   )하여 거룩하게 지키라 엿새 동안은 힘써 네 (   )을 행할 것이나 일곱째 날은 네 하나님 여호와의 안식일인즉 너나 네 아들이나 네 딸이나 네 남종이나 네 여종이나 네 가축이나 네 문안에 머무는 객이라도 (   )도 하지 말라 이는 엿새 동안에 나 여호와가 하늘과 땅과 바다와 그 가운데 모든 것을 만들고 일곱째 날에 (   )이라 그러므로 나 여호와가 안식일을 복되게 하여 그 날을 (   )하게 하였느니라"

2. 구약성경에 의하면 안식일 규례의 두 가지 기원은 무엇이며 어디에 기록되어 있습니까?

   (1) _____ : _____

   _____

   (2) _____ : _____

   _____

   * 신 5:12-15: "네 하나님 여호와가 네게 명령한 대로 안식일을 지켜 (   )하게 하라 엿새 동안은 (   ) 네 모든 일을 행할 것이나 일곱째 날은 네 하나님 여호와의 안식일인즉 너나 네 아들이나 네 딸이나 네 남종이나 네 여종이나 네 소나 네 나귀나 네 모든 가축이나 네 문 안에 유하는 객이라도 아무 일도 하지 못하게 하고 네 남종이나 네 여종에게 너 같이 (   )하게 할지니라 너는 (   )하라 네가 애굽 땅에서 종이 되었더니 네 하나님 여호와가 강한 손과 편 팔로 거기서 너를 인도하여 내었나니 그러므로 네 하나님 여호와가 네게 명령하여 (   )을 지키라 하느니라"

3. 안식일의 주인은 누구이시며, 왜 그러합니까?

_____

_____

* 출 31:13-17: "너는 이스라엘 자손에게 말하여 이르기를 너희는 나의 안식일을 지키라 이는 나와 너희 사이에 너희 대대의 (   )이니 나는 너희를 거룩하게 하는 여호와인 줄 너희가 알게 함이라 너희는 안식일을 지킬지니 이는 너희에게 (   )이 됨이니라 그 날을 더럽히는 자는 모두 죽일지며 그 날에 일하는 자는 모두 그 백성 중에서 그 생명이 끊어지리라 엿새 동안은 일할 것이나 일곱째 날은 큰 안식일이니 여호와께 거룩한 것이라 안식일에 (   )하는 자는 누구든지 반드시 죽일지니라 이같이 이스라엘 자손이 안식일을 지켜서 그것으로 대대로 영원한 (   )을 삼을 것이니 이는 나와 이스라엘 자손 사이에 영원한 표징이며 나 여호와가 엿새 동안에 천지를 창조하고 (   ) 날에 일을 마치고 쉬었음이니라 하라"

4. 안식일은 우리에게는 무엇을 위한 날입니까?

_____

_____

* 출 20:10: "일곱째 날은 네 하나님 여호와의 (   )인즉 너나 네 아들이나 네 딸이나 네 남종이나 네 여종이나 네 (   )이나 네 문안에 머무는 객이라도 (   )도 하지 말라"

5. 구약의 '안식일' 과 신약의 '주일' 은 어떠한 관계에 있습니까?

_____

_____

* 마 12:8: "(   )는 안식일의 (   )이니라 하시니라"

6. 성경적인 '주일성수'는 어떻게 해야 하는 것일까요?

   (1) 주일을 거룩하게 지키기 위하여 육일동안에 힘써 우리에게 맡겨진 일을 해야만 한다.

   (2) _____

   (3) _____

   (4) _____

   (5) _____

7. 다음의 성경 구절을 찾아서 읽고 따라 써보면서 그 말씀의 의미를 묵상해 봅시다.

   (1) 출 31:13: _____

   (2) 막 2:27-28: _____

- Soli Deo Gloria! -

Memo

제 45 과

십계명(VI) _ 제 5 계명

제63문: 다섯째 계명은 무엇입니까?

답: 다섯째 계명은 "네 부모를 (   )하라 그리하면 네 하나님 여호와가 네게 준 땅에서 네 (   )이 길리라" 하는 것입니다.

* 《참조성구》 출 20:12

제64문: 다섯째 계명에서 요구하는 것은 무엇입니까?

답: 다섯째 계명에서 요구하는 것은 윗사람에게나 아랫사람에게나 동등한 사람에게 여러 가지 위치와 관계에 있는 각 사람에게 마땅히 드릴 (   )을 드리고 (   )를 수행하는 것입니다.

* 《참조성구》 엡 6:5

제65문: 다섯째 계명에서 금하는 것은 무엇입니까?

답: 다섯째 계명에서 금하는 것은 여러 가지 (   )와 관계에 있는 각 사람에게 마땅히 드릴 존경과 의무를 소홀히 하거나 그것에 배치되는 일을 하는 것입니다.

* 《참조성구》 마 15:4-6

제66문: 다섯째 계명에 첨부된 이유들은 무엇입니까?

답: 다섯째 계명에 첨부된 이유는 이 계명을 지키는 모든 사람들에게 (   )와 (   )이 있으리라는 (이 약속이 하나님께는 영광이 되고

그들 자신에게는 선이 되는 한에서) 약속입니다.

* 《참조성구》 신 5:16; 엡 6:3

1. 제5계명이 우리에게 가르치는 가장 중요한 사실은 무엇입니까?

   _____
   _____

   * 출 20:12: "네 부모를 공경하라 그리하면 네 하나님 여호와가 네게 준 땅에서 네
      (   )이 길리라"
   * 신 5:16: "너는 네 하나님 여호와께서 명령한 대로 네 부모를 공경하라 그리하면
      네 하나님 여호와가 네게 준 땅에서 네 생명이 길고 (   )을 누리리라"

2. 하나님께서는 왜 가장 먼저 부모를 공경하라고 하실까요?

   _____
   _____

   * 레 19:3: "너희 각 사람은 부모를 (   )하고 나의 안식일을 지키라 나는 너희의
      하나님 여호와라"

3. 제5계명의 '부모'는 어떻게 확장되어 생각될 수 있습니까?

   (1) _____ : _____

   (2) _____ : _____

   (3) _____ : _____

(4) _____ : _____

(5) _____ : _____

* 레 19:32: "너는 (   ) 앞에서 일어서고 노인의 (   )을 공경하며 네 하나님을 경외하라 나는 여호와이니라"

4. 하나님 앞에서 자녀에 대한 참된 부모의 역할은 무엇입니까?

_____
_____

* 엡 6:4: "또 아비들아 너희 자녀를 (   ) 하지 말고 오직 주의 (   )과 훈계로 양육하라"
* 잠 22:6: "마땅히 (   )을 아이에게 가르치라 그리하면 늙어도 그것을 떠나지 아니하리라"

5. '공경하라' (카베드)는 말의 성경적인 의미는 무엇입니까?

_____
_____

* 잠 23:22: "너를 낳은 아비에게 (   )하고 네 늙은 어미를 (   ) 여기지 말지니라"
* 골 3:20: "자녀들아 모든 일에 부모에게 (   )하라 이는 주 안에서 기쁘게 하는 것이니라"
* 잠 1:8-9: "내 아들아 네 아비의 (   )를 들으며 네 어미의 (   )을 떠나지 말라 이는 네 머리의 아름다운 (   )이요 네 목의 금사슬이니라"

6. 부모에게 순종함에 있어 그 한계 조건은 무엇입니까?

　　* 엡 6:1: "자녀들아 (　　　) 너희 부모에게 순종하라 이것이 옳으니라"

7. 부모를 '공경' 하는 것은 경외하고 사랑하는 것인데, 이것은 어떤 부분까지 포함해야 하는 것입니까?

　　* 마 7:10-12: "모세는 네 부모를 공경하라 하고 또 아버지나 어머니를 모욕하는 자는 죽임을 당하리라 하였거늘 너희는 이르되 사람이 아버지에게나 어머니에게나 말하기를 내가 드려 유익하게 할 것이 (　　　) 곧 하나님께 드림이 되었다고 하기만 하면 그만이라 하고 자기 아버지나 어머니에게 다시 아무 것도 하여 드리기를 허락하지 아니하여 너희가 전한 전통으로 하나님의 말씀을 폐하며 또 이같은 일을 많이 행하느니라"

8. 제5계명에서 주어진 약속은 무엇이며, 이러한 약속이 더해져 있다는 것은 무엇을 의미하는 것입니까?

　　* 엡 6:1-3: "자녀들아 주 안에서 너희 부모에게 (　　)하라 이것이 옳으니라 네 아버지와 어머니를 공경하라 이것은 (　　)이 있는 첫 계명이니 이로써 네가 잘되고 땅에서 (　　)하리라"

9. 다음의 성경 구절을 찾아서 읽고 따라 써보면서 그 말씀의 의미를 묵상해 봅시다.

   (1) 잠 1:8-9: _____

   (2) 신 5:16: _____

   (3) 엡 6:1: _____

   (4) 엡 6:4: _____

   (5) 레 19:32: _____

   (6) 잠 28:24: _____

- Soli Deo Gloria!-

Memo

제 46 과

십계명(VII) _ 제 6 계명

제67문: 여섯째 계명은 무엇입니까?

답: 여섯째 계명은 "(   )하지 말라" 하는 것입니다.

* 《참조성구》 출 20:13

제68문: 여섯째 계명에서 요구하는 것은 무엇입니까?

답: 여섯째 계명에서 요구하는 것은 우리가 정당한 노력을 다하여 우리 자신의 (   )과 다른 사람들의 (   )을 (   )하는 일입니다.

* 《참조성구》 엡 5:29; 마 5:21

제69문: 여섯째 계명에서 금하는 것은 무엇입니까?

답: 여섯째 계명에서 금하는 것은 우리 (   )의 생명이나 우리 (   )의 생명을 부당하게 끊거나, 또는 그러한 결과로 이끄는 모든 일입니다.

* 《참조성구》 행 1:8; 왕상 21:9-10

1. 제6계명이 우리에게 가르치는 가장 중요한 사실은 무엇입니까?

   _____

   _____

   * 출 20:13: "(   )하지 말라"

* 레 19:18: "네 이웃 (   )하기를 네 자신과 같이 사랑하라 나는 여호와이니라"

2. 하나님께서는 왜 이웃을 해하지 말라고 하실까요? 인간 생명의 존엄성을 삼위일체론적 관점에서 어떻게 생각될 수 있을까요?

_____

_____

* 창 9:5-6: "내가 반드시 너희의 피 곧 너희의 (   )의 피를 찾으리니 짐승이면 그 짐승에게서, 사람이나 사람의 형제면 그에게서 그의 (   )을 찾으리라 다른 사람의 피를 흘리면 그 사람의 피도 흘릴 것이니 이는 하나님이 자기 (   )대로 사람을 지으셨음이니라"
* 고전 6:19-20: "너희 (   )은 너희가 하나님께로부터 받은 바 너희 가운데 계신 성령의 (   )인 줄을 알지 못하느냐 너희는 너희 자신의 것이 아니라 (   )으로 산 것이 되었으니 그런즉 너희 몸으로 하나님께 영광을 돌리라"

3. 제6계명은 어떤 경우들까지 포함하는 것일까요?

_____

_____

* 신 22:8 – "네가 새 집을 지을 때에 지붕에 (   )을 만들어 사람이 떨어지지 않게 하라 그 피가 네 (   )에 돌아갈까 하노라"
* 요일 3:15 – "그 형제를 (   )하는 자마다 (   )하는 자니 살인하는 자마다 (   )이 그 속에 거하지 아니하는 것을 너희가 아는 바라"

4. 제6계명의 예외로 볼 수 있는 경우에는 어떤 것들이 생각될 수 있습니까?

(1) _____

(2) _____

(3) _____

(4) _____

* 출 22:2-3: "도둑이 뚫고 들어오는 것을 보고 그를 쳐죽이면 피 흘린 (   )가 없으나 해 돋은 후에는 피 흘린 죄가 있으리라"
* 민 35:22-25: "악의가 없이 (   )히 사람을 밀치거나 기회를 엿봄이 없이 무엇을 던지거나 보지 못하고 사람을 죽일 만한 돌을 던져서 죽였을 때에 이는 (   )도 없고 해하려 한 것도 아닌즉 회중이 친 자와 피를 보복하는 자 간에 이 규례대로 판결하여 피를 보복하는 자의 손에서 살인자를 건져내어 그가 피하였던 (   )으로 돌려보낼 것이요 그는 거룩한 기름 부음을 받은 대제사장이 죽기까지 거기 거주할 것이니라"

5. '자살'은 성경적으로 어떻게 이해해야 할까요?

_____

_____

* 욥 12:10: "모든 (   )의 생명과 모든 (   )의 육신의 목숨이 다 (   )의 손에 있느니라"

6. '낙태' 문제는 성경적으로 어떻게 이해해야 할까요?

_____

* 시 139:13, 16: "주께서 내 내장을 지으시며 나의 (   )에서 나를 만드셨나이다 … 내 형질이 이루어지기 전에 주의 (   )이 보셨으며 나를 위하여 정한 날이 하루도 되기 전에 주의 (   )에 다 기록이 되었나이다"

7. '안락사' 문제는 성경적으로 어떻게 이해해야 할까요?

* 겔 16: 5-6: "아무도 너를 돌보아 이 중에 한 가지라도 네게 행하여 너를 불쌍히 여긴 자가 없었으므로 네가 나던 날에 네 몸이 천하게 여겨져 네가 들에 버려졌느니라 내가 네 곁으로 지나갈 때에 네가 피투성이가 되어 발짓하는 것을 보고 네게 이르기를 너는 (   )라도 살아 있으라 다시 이르기를 너는 피투성이라도 (   ) 있으라"
* 시 107:17-21: "미련한 자들은 그들의 죄악의 길을 따르고 그들의 악을 범하기 때문에 고난을 받아 그들은 그들의 모든 음식물을 싫어하게 되어 (   )의 문에 이르렀도다 이에 그들이 그들의 (   ) 때문에 여호와께 부르짖으매 그가 그들의 고통에서 그들을 (   )하시되 그가 그의 (   )을 보내어 그들을 고치시고 위험한 지경에서 건지시는도다 여호와의 인자하심과 인생에게 행하신 (   )으로 말미암아 그를 찬송할지로다"

8. '간접적인 살인 행위'에는 어떤 것들이 있을까요?

9. 다음의 성경 구절을 찾아서 읽고 따라 써보면서 그 말씀의 의미를 묵상해 봅시다.

   (1) 욥 12:10: _____

   _____

   (2) 창 9:5-7: _____

   _____

   _____

   _____

   _____

   _____

- Soli Deo Gloria! -

Memo

제 47 과

십계명(VIII) _ 제 7 계명

제70문 : 일곱째 계명은 무엇입니까?
답 : 일곱째 계명은 "(　)하지 말라"입니다.

* 《《참조성구》》 출 20:14

제71문 : 일곱째 계명에서 요구하는 것은 무엇입니까?
답 : 일곱째 계명에서 요구하는 것은 (　)과 말과 (　)에 있어서 우리 자신과 우리 이웃의 (　)을 보존하는 일입니다.

* 《《참조성구》》 마 5:27-32

제72문 : 일곱째 계명에서 금하는 것은 무엇입니까?
답 : 일곱째 계명에서 금하는 것은 모든 정숙하지 못한 (　)과 (　)과 행동입니다.

* 《《참조성구》》 엡 4:29; 5:3-4

1. 제7계명이 우리에게 가르치는 가장 중요한 사실은 무엇입니까?

_____

_____

* 출 20:14: "(　)하지 말라"

* 마 19:4-6: "예수께서 대답하여 이르시되 사람을 지으신 이가 본래 그들을 남자와 여자로 지으시고 말씀하시기를 그러므로 사람이 그 부모를 떠나서 (   )에게 합하여 그 둘이 (   )이 될지니라 하신 것을 읽지 못하였느냐 그런즉 이제 둘이 아니요 한 몸이니 그러므로 하나님이 짝 지어 주신 것을 (   )이 나누지 못할지니라"

2. 가장 중요한 창조질서 가운데 하나인 결혼제도에 나타난 하나님의 목적은 무엇일까요?

   _____

   _____

   * 창 1:27-28: "하나님이 자기 형상 곧 (   )대로 사람을 창조하시되 남자와 여자를 창조하시고 하나님이 그들에게 (   )을 주시며 하나님이 그들에게 이르시되 생육하고 (   )하여 땅에 충만하라"

3. 성경에서 가르치는 결혼의 예표적인 의미는 무엇일까요?

   _____

   _____

   * 호 2:16, 19-20: "여호와께서 이르시되 그 날에 네가 나를 내 (   )이라 일컫고 다시는 내 바알이라 일컫지 아니하리라 … 내가 네게 (   ) 들어 영원히 살되 공의와 정의와 은총과 긍휼히 여김으로 네게 장가 들며 (   )함으로 네게 장가 들리니 네가 여호와를 알리라"
   * 엡 5:31-32: "그러므로 사람이 부모를 떠나 그의 아내와 합하여 그 둘이 한 (   )가 될지니 이 비밀이 크도다 나는 그리스도와 (   )에 대하여 말하노라"

4. 성경의 가르침에 의하면 '성'(sex)은 어떨 때 축복일수 있을까요? 그

리고 그리스도인의 부부생활은 어떠해야 할까요?

_____

_____

* 살전 4:3-6: "하나님의 뜻은 이것이니 너희의 (   )이라 곧 음란을 버리고 각각 거룩함과 존귀함으로 자기의 아내 대할 줄을 알고 하나님을 모르는 이방인과 같이 (   )을 따르지 말고 이 일에 분수를 넘어서 형제를 해하지 말라"
* 고전 7:2-9: "너희가 쓴 문제에 대하여 말하면 남자가 여자를 가까이 아니함이 좋으나 음행을 피하기 위하여 남자마다 자기 (   )를 두고 여자마다 자기 (   )을 두라 남편은 그 아내에 대한 (   )를 다하고 아내도 그 남편에게 그렇게 할지라 아내는 자기 몸을 주장하지 못하고 오직 그 (   )이 하며 남편도 그와 같이 자기 몸을 주장하지 못하고 오직 그 (   )가 하나니 서로 분방하지 말라 다만 (   )할 틈을 얻기 위하여 합의상 얼마 동안은 하되 다시 합하라 이는 너희가 절제 못함으로 말미암아 사탄이 너희를 시험하지 못하게 하려 함이라"

5. 성경에서 가르치는 '간음'의 의미와 그에 해당하는 여러 가지 경우에는 어떠한 것들이 있을까요?

_____

_____

* 마 5:28 - "나는 너희에게 이르노니 (   )을 품고 여자를 보는 자마다 마음에 이미 간음하였느니라"

6. '혼전 순결'의 문제는 성경적으로 어떻게 이해해야 할까요?

_____

_____

* 벧전 1:15-17: "오직 너희를 부르신 거룩한 이처럼 너희도 모든 (   )에 거룩한 자가 되라 기록되었으되 내가 거룩하니 너희도 거룩할지어다 하셨느니라 (   )로 보시지 않고 각 사람의 (   )대로 심판하시는 이를 너희가 아버지라 부른즉 너희가 (   )로 있을 때를 두려움으로 지내라"

7. '이혼' 문제에 대하여 성경이 가르치는 일반적인 원칙을 어떻게 이해해야 할까요? 그리고 또한 이혼이 허락되는 특수한 경우들은 어떻게 이해해야 할까요?

_____

(1) 배우자의 음행이 문제될 경우: _____

(2) 배우자의 신앙이 문제가 될 경우 : _____

(3) 배우자의 폭력과 학대가 문제가 될 경우 : _____

8. '동성애' 문제에 대한 성경의 가르침을 어떻게 이해해야 할까요?

_____

* 롬 1:26-27 - "이 때문에 하나님께서 그들을 부끄러운 (   )에 내버려 두셨으니 곧 그들의 여자들도 순리대로 쓸 것을 바꾸어 (   )로 쓰며 그와 같이 남자들도 (   )대로 여자 쓰기를 버리고 서로 향하여 음욕이 불 일듯 하매 남자가 (   )와 더불어 부끄러운 일을 행하여 그들의 그릇됨에 상당한 보응을 그들 자신이 받았느니라"

9. 다음의 성경 구절을 찾아서 읽고 따라 써보면서 그 말씀의 의미를 묵상해 봅시다.

   (1) 마 19:4-6: _____

   _____

   (2) 엡 5:31-33: _____

   _____

- Soli Deo Gloria!-

Memo

제 48 과

십계명(IX) _ 제 8 계명

제73문 : 여덟째 계명은 무엇입니까?

답 : 여덟째 계명은 "(   )하지 말라" 하는 것입니다.

* 《참조성구》 출 20:15

제74문 : 여덟째 계명에서 요구하는 것은 무엇입니까?

답 : 여덟째 계명에서 요구하는 것은 우리 자신과 남들의 (   )과 신분을 정당하게 얻고 또 (   )시키는 일입니다.

* 《참조성구》 잠 10:4; 12:27; 2321; 레 6:4-6; 살후 3:10-12

제75문 : 여덟째 계명에서 금하는 것은 무엇입니까?

답 : 여덟째 계명에서 금하는 것은 우리 (   )이나, 우리 (   )의 재산이나, 신분을 부당하게 (   )하는 일이나, 또는 방해할지도 모르는 일들입니다.

* 《참조성구》 엡 4:28; 겔 22:29; 렘 52:17; 말 3:9; 살후 3:7-10

1. 제8계명이 우리에게 가르치는 가장 중요한 사실은 무엇입니까?

   _____
   _____

* 출 20:15: "(   )하지 말라"

2. 제8계명이 적용되는 가장 기본적인 의미는 무엇일까요?

_____

_____

* 출 22:1-5: "사람이 소나 양을 도둑질하여 잡거나 팔면 그는 소 한 마리에 소 (   ) 마리로 갚고 양 한 마리에 양 (   ) 마리로 갚을지니라 … 도둑은 반드시 (   )할 것이나 배상할 것이 없으면 그 몸을 팔아 그 도둑질한 것을 배상할 것이요 도둑질한 것이 살아 그의 손에 있으면 소나 나귀나 양을 막론하고 (   )을 배상할지니라 사람이 밭에서나 포도원에서 짐승을 먹이다가 자기의 짐승을 놓아 남의 밭에서 먹게 하면 자기 밭의 가장 (   ) 것과 자기 포도원의 가장 좋은 것으로 배상할지니라"

3. 구약에서 특별히 제8계명이 사람과 직접적으로 연관된 상황은 어떤 경우인가요?

_____

_____

* 출 21:16: "사람을 (   )한 자가 그 사람을 팔았든지 자기 수하에 두었든지 그를 반드시 죽일지니라"

4. 제8계명이 상거래와 같은 경제행위에는 어떻게 적용되어야 할까요?

_____

_____

* 신 25:13-15: "너는 네 주머니에 (   )의 저울추 곧 큰 것과 작은 것을 넣지 말

것이며 네 집에 두 종류의 되 곧 큰 것과 작은 것을 두지 말 것이요 오직 온전하고 (   )한 저울추를 두며 온전하고 공정한 되를 둘 것이라 그리하면 네 하나님 여호와께서 네게 주시는 땅에서 네 날이 길리라"(cf. 잠 11:1; 미 6:11)

5. 제8계명이 사용자와 피고용인의 관계에서는 어떻게 적용되어야 할까요?

_____

_____

* 신 24:14: "곤궁하고 빈한한 품꾼은 너희 형제든지 네 땅 성문 안에 우거하는 객이든지 그를 (   )하지 말며 그 품삯을 (   )에 주고 해 진 후까지 미루지 말라"
* 딛 2:9-10: "종들은 자기 상전들에게 범사에 (   )하여 기쁘게 하고 거슬러 말하지 말며 (   ) 말고 오히려 모든 참된 (   )을 나타내게 하라 이는 범사에 우리 구주 하나님의 교훈을 빛나게 하려 함이라"

6. 제8계명이 성도들 간의 채무관계에서는 어떻게 적용되어야 할까요?

_____

_____

* 신 23:19 - "네가 형제에게 꾸어주거든 (   )를 받지 말지니 곧 돈의 이자, 식물의 이자, 이자를 낼 만한 모든 것의 (   )를 받지 말 것이라 타국인에게 네가 꾸어주면 이자를 받아도 되거니와 네 (   )에게 꾸어주거든 이자를 받지 말라 그리하면 네 하나님 여호와께서 네가 들어가서 차지할 땅에서 네 손으로 하는 범사에 복을 내리시리라"

7. 제8계명이 국가와 개인 간의 관계에서는 어떻게 적용되어야 할까요?

　　＊ 암 5:11: "너희가 힘없는 자를 (   ) 그에게서 밀의 (   ) 세를 거두었은즉 너희가 비록 다듬은 돌로 집을 건축하였으나 거기 거주하지 못할 것이요 아름다운 포도원을 가꾸었으나 그 포도주를 마시지 못하리라"

8. 제8계명이 자신의 삶에 대하여는 어떻게 적용되어야 할까요?

　　＊ 잠 6:9–11: "게으른 자여 네가 어느 때까지 누워 있겠느냐 네가 어느 때에 잠이 깨어 일어나겠느냐 좀더 (   ), 좀더 졸자, 손을 모으고 좀더 (   ) 있자 하면 네 (   )이 강도 같이 오며 네 (   )이 군사 같이 이르리라"

9. 제8계명이 하나님과의 관계에서는 어떻게 적용되어야 할까요?

　　＊ 말 3:8–10: "사람이 어찌 하나님의 것을 (   )하겠느냐 그러나 너희는 나의 것을 도둑질하고도 말하기를 우리가 어떻게 주의 것을 도둑질하였나이까 하는도다 이는 곧 (   )와 봉헌물이라 너희 곧 온 나라가 나의 것을 도둑질하였으므로 너희가 저주를 받았느니라 만군의 여호와가 이르노라 너희의 (   )한 십일조를 창고에 들여 나의 집에 양식이 있게 하고 그것으로 나를 시험하여 내가 하늘 문을 열고 너희에게 (   )을 쌓을 곳이 없도록 붓지 아니하나 보라"

10. 다음의 성경 구절을 찾아서 읽고 따라 써보면서 그 말씀의 의미를 묵상해 봅시다.

    (1) 엡 4:28: _____

    _____

    - Soli Deo Gloria!-

Memo

제 49 과

십계명(X) _ 제 9 계명

제76문 : 아홉째 계명은 무엇입니까?

답 : 아홉째 계명은 "네 이웃에 대하여 (　　)하지 말라" 하는 것입니다.

* 《참조성구》 출 20:16

제77문 : 아홉째 계명에서 요구하는 것은 무엇입니까?

답 : 아홉째 계명에서 요구하는 것은 사람과 사람 사이의 (　　)과 우리 자신과 우리 (　　)간의 좋은 평판을 유지하고 증진시키는 일입니다. 특히 (　　)하는 일에 있어서 그렇게 하라는 것입니다.

* 《참조성구》 엡 4:25; 롬 1:8; 고전 13:4-5; 잠 22:1; 빌 4:8; 슥 8:16; 벧전 3:16; 행 25:10

제78문 : 아홉째 계명에서 금하는 것은 무엇입니까?

답 : 아홉째 계명에서 금하는 것은 (　　)에 어긋나는 일이나 우리 자신이나 우리 이웃의 좋은 (　　)을 해치는 모든 일입니다.

* 《참조성구》 레 19:15; 벧후 2:2; 빌 3:18-19; 잠 19:5

1. 제9계명이 우리에게 가르치는 가장 중요한 사실은 무엇입니까?

　　_____

　　_____

* 출 20:16: "네 이웃에 대하여 (   )하지 말라"

2. 성경에 나타난 재판제도는 대체로 어떠합니까?

  _____

  _____

* 신 19:15-21: "사람의 모든 악에 관하여 또한 모든 (   )에 관하여는 한 (   )으로만 정할 것이 아니요 두 증인의 입으로나 또는 세 증인의 입으로 그 사건을 확정할 것이며 만일 (   )하는 자가 있어 어떤 사람이 악을 행하였다고 말하면 그 논쟁하는 쌍방이 같이 (   ) 앞에 나아가 그 당시의 제사장과 재판장 앞에 설 것이요 재판장은 자세히 조사하여 그 증인이 거짓 증거하여 그 형제를 거짓으로 (   )한 것이 판명되면 그가 그의 형제에게 행하려고 꾀한   (   ) 그에게 행하여 너희 중에서 악을 제하라 그리하면 그 남은 자들이 듣고 두려워하여 다시는 그런 악을 너희 중에서 행하지 아니하리라 네 눈이 긍휼히 여기지 말라 생명에는 생명으로, 눈에는 눈으로, 이에는 이로, 손에는 손으로, 발에는 발로이니라"

3. '나봇의 포도원 사건'(왕상 21:1-16)과 같은 폐해를 방지하기 위해 어떤 장치들이 있었습니까?

  _____

  _____

* 신 17:6-7: "죽일 자를 두 사람이나 세 사람의 (   )으로 죽일 것이요 한 사람의 증언으로는 죽이지 말 것이며 이런 자를 죽이기 위하여는 (   )이 먼저 그에게 (   )을 댄 후에 뭇 백성이 손을 댈지니라 너는 이와 같이 하여 너희 중에서 악을 제할지니라"

4. 성경의 재판제도에 비추어 볼 때 예수님에 대한 재판이 불법적인 이유가 무엇입니까?

   (1) 마 26:59-66: _____

   _____

   (2) 막 14:55-65: _____

   _____

5. 성경에서 '거짓말' 과 '거짓증거' 를 못하게 하는 중요한 이유가 무엇입니까?

   _____

   _____

   * 잠 24:28: "너는 까닭 없이 네 (   )을 쳐서 증인이 되지 말며 네 입술로 속이지 말지니라"
   * 잠 25:18: "자기의 이웃을 쳐서 (   )하는 사람은 방망이요 (   )이요 뾰족한 화살이니라"

6. 제9계명이 가르치는 본질적이며 긍정적인 명령은 무엇이라고 생각하십니까?

   _____

   _____

   * 레 5:1: "만일 누구든지 저주하는 소리를 듣고서도 (   )이 되어 그가 본 것이나 알고 있는 것을 알리지 아니하면 그는 (   )의 죄를 져야 할 것이요 그 허물이 그에게로 돌아갈 것이며"
   * 엡 4:21-25: "진리가 예수 안에 있는 것 같이 너희가 참으로 그에게서 듣고 또한 그 안에서 가르침을 받았을진대 너희는 (   )의 욕심을 따라 썩어져

가는 구습을 따르는 옛 사람을 벗어 버리고 오직 너희의 (　　)이 새롭게 되어 하나님을 따라 의와 (　　)의 거룩함으로 지으심을 받은 새 사람을 입으라 그런즉 거짓을 버리고 각각 그 이웃과 더불어 (　　)을 말하라 이는 우리가 서로 지체가 됨이라"

7. 제9계명과 관련하여 사탄의 본질적인 속성 가운데 한 가지는 무엇입니까?

_____

_____

* 요 8:44: "너희는 너희 아비 마귀에게서 났으니 너희 아비의 욕심대로 너희도 행하고자 하느니라 그는 처음부터 살인한 자요 (　　)가 그 속에 없으므로 진리에 서지 못하고 (　　)을 말할 때마다 제 것으로 말하나니 이는 그가 (　　)요 거짓의 아비가 되었음이라"
* 계 12:9: "큰 용이 내쫓기니 옛 뱀 곧 마귀라고도 하고 (　　)이라고도 하며 온 천하를 (　　) 자라 그가 땅으로 내쫓기니 그의 사자들도 그와 함께 내쫓기니라"

8. 제9계명과 관련된 최후 결과가 무엇인가요?

_____

_____

* 계 21:8 – "그러나 두려워하는 자들과 믿지 아니하는 자들과 흉악한 자들과 (　　)들과 음행하는 자들과 점술가들과 우상 숭배자들과 (　　)하는 모든 자들은 불과 유황으로 타는 못에 던져지리니 이것이 (　　)이라"

9. 제9계명과 관련하여 '선의의 거짓말'은 어떻게 생각해야 할까요?

_____

* 시 141:3: "여호와여 내 입에 (   )을 세우시고 내 입술의 (   )을 지키소서!"

10. 다음의 성경 구절을 찾아서 읽고 따라 써보면서 그 말씀의 의미를 묵상해 봅시다.

   (1) 잠 12:17: _____

   (2) 마 5:37: _____

   (3) 엡 4:21-25: _____

   _____

   _____

- Soli Deo Gloria!-

Memo

십계명(XI) _ 제 10 계명

제79문 : 열째 계명은 무엇입니까?

답 : 열째 계명은 "네 이웃의 (   )을 탐내지 말라 네 이웃의 (   )나 그의 남종이나 그의 여종이나 그의 소나 그의 나귀나 무릇 네 이웃의 (   )를 탐내지 말라" 하는 것입니다.

* 《참조성구》 출 20:17; 신 5:21

제80문 : 열째 계명에서 요구하는 것은 무엇입니까?

답 : 열째 계명에서 요구하는 것은 우리 이웃과 그에게 속한 모든 것에 대하여 옳고 (   )하는 마음을 가지면서 우리자신의 처지에 대하여는 완전히 (   )을 느끼는 일입니다.

* 《참조성구》 히 13:5; 딤전 6:6; 빌 2:4; 딤전 1:5

제81문 : 열째 계명에서 금하는 것은 무엇입니까?

답 : 열째 계명에서 금하는 것은 우리 이웃의 잘되는 것을 (   )하고 싫어하면서 우리자신의 처지에 (   )을 가지는 일과 이웃의 소유에 대하여 부당한 행동을 하거나 (   )을 가지는 모든 것입니다.

* 《참조성구》 고전 10:10; 갈 5:26; 약 3:14-16; 롬 7:7; 골 3:5

1. 제10계명이 우리에게 가르치는 가장 중요한 사실은 무엇입니까?

   * 출 20:17: "네 이웃의 (   )을 탐내지 말라 네 이웃의 (   )나 그의 남종이나 그의 여종이나 그의 소나 그의 나귀나 무릇 네 이웃의 소유를 (   ) 말라"

2. 제10계명에서 금하는 '탐욕'의 본질과 특징은 무엇입니까?

   * 미 2:1-2: "그들이 침상에서 죄를 꾀하며 (   )을 꾸미고 날이 밝으면 그 손에 힘이 있으므로 그것을 (   )하는 자는 화 있을진저 밭들을 (   )하여 빼앗고 집들을 탐하여 차지하니 그들이 남자와 그의 집과 사람과 그의 (   )을 강탈하도다"

3. 왜 탐욕이 무서운 죄일까요?

   * 약 1:14-15: "오직 각 사람이 시험을 받는 것은 자기 (   )에 끌려 미혹됨이니 욕심이 잉태한즉 (   )를 낳고 죄가 장성한즉 (   )을 낳느니라"

4. 제10계명이 인간들 간의 관계를 다루는 사회적 계명인 제5-9계명과 어떻게 관계되는가요?

* 딤전 6:9-10: "부하려 하는 자들은 (   )과 올무와 여러 가지 어리석고 해로운 (   )에 떨어지나니 곧 사람으로 파멸과 (   )에 빠지게 하는 것이라 (   )을 사랑함이 일만 악의 뿌리가 되나니 이것을 탐내는 자들은 (   )을 받아 믿음에서 떠나 많은 근심으로써 (   )를 찔렀도다"

5. 제10계명이 하나님과의 관계를 다루는 제1-4계명과 어떻게 관계되는가요?

_____

_____

* 마 6:24: "한 사람이 (   )을 섬기지 못할 것이니 혹 이를 미워하고 저를 (   )하거나 혹 이를 중히 여기고 저를 경히 여김이라 너희가 하나님과 (   )을 겸하여 섬기지 못하느니라"

6. 탐욕으로부터 자유하는 방법을 성경은 어떻게 가르치고 있습니까?

_____

_____

* 시 90:9-10: "우리의 모든 날이 주의 (   ) 중에 지나가며 우리의 (   )이 순식간에 다하였나이다 우리의 연수가 (   )이요 강건하면 팔십이라도 그 연수의 자랑은 (   )와 슬픔뿐이요 신속히 가니 우리가 날아가나이다"

7. 우리가 스스로 자족하는 것이 왜 중요한가요?

_____

_____

* 잠 30:8-9 - "나를 가난하게도 마옵시고 (   )하게도 마옵시고 오직 필요한 (   )으로 나를 먹이시옵소서 혹 내가 배불러서 (   )을 모른다 여호와가 누구냐 할까 하오며 혹 내가 (   )하여 도둑질하고 내 하나님의 (   )을 욕되게 할까 두려워함이니이다"

8. 자신에게 맡겨진 일에 최선을 다하고 선한 일을 힘써 행하는 것이 왜 중요한가요?

_____

_____

* 딤전 6:17-19: "네가 이 세대에서 부한 자들을 명하여 (   )을 높이지 말고 정함이 없는 재물에 (   )을 두지 말고 오직 우리에게 모든 것을 후히 주사 누리게 하시는 (   )께 두며 선을 행하고 (   ) 사업을 많이 하고 (   ) 주기를 좋아하며 너그러운 자가 되게 하라 이것이 장래에 자기를 위하여 좋은 (   )를 쌓아 참된 (   )을 취하는 것이니라"

9. 확고한 섭리의 신앙을 가지는 것이 왜 중요한가요?

_____

_____

* 마 6:31-33: "그러므로 (   )하여 이르기를 무엇을 먹을까 무엇을 마실까 무엇을 입을까 하지 말라 이는 다 (   )들이 구하는 것이라 너희 (   ) 아버지께서 이 모든 것이 너희에게 있어야 할 줄을 아시느니라 그런즉 너희는 먼저 그의 (   )와 그의 (   )를 구하라 그리하면 이 (   ) 것을 너희에게 더하시리라"

10. 다음의 성경 구절을 찾아서 읽고 따라 써보면서 그 말씀의 의미를 묵상해 봅시다.

   (1) 잠 30:8-9: _____

   _____

   _____

   (2) 딤전 6:17-19: _____

   _____

   _____

   (3) 욥 22:24-26: _____

   _____

   _____

- *Soli Deo Gloria!* -

Memo